KB261831

三百六十五日 中國語

1

李光石 著

正進出版社

중국어 학습자에게 드리는 말씀

제가 한국에 와서 학원, 대학 등의 강의를 하는 동안 중국어를 공부하시는 분들에 대해서 공통적으로 느낀 점을 몇 가지 말씀드림으로써, 여러분의 중국어 학습에 조금이나마 도움을 드리고자 합니다.

1 표준어 문제

한국에서 중국어를 배우는 대부분의 사람들이 표준 중국어를 북경어 또는 북경 중국어라고 말합니다. 곧 북경어를 표준어인 것처럼 착각하고 있는데 중국에서 표준어는 "중국 북방언어를 기초로 삼고 북경어를 위주로 한다"고 규정하고 있습니다. 이 문제는 북경 방언까지도 표준어로 간주할 것인가를 생각해 보면 이해가 쉬워지리라 생각합니다.

2 성조 문제

성조 언어라고 불리는 중국어에는 기본적으로 사성(四聲)이 있고, 경성(輕聲)도 있습니다. 그런데 일반회화를 할 때 매 글자나 단어마다 성조를 지나치게 강조하다 보면, 마치 방송국에서 아나운서가 뉴스를 진행할 때처럼 딱딱하게 들리게 됩니다. 다만 한 글자에 여러가지 성조가 있는 글자는 그때그때 상황에 따라 주의해서 읽어야 하는데, 예를 들면 아(啊)가 1성-감탄, 2성-의문·반문, 3성-의혹, 4성-깨달음·놀람, 경성-힘이 없을 때와 같이 각각 다르게 쓰입니다. 또한 '買 mǎi, 賣 mài' 등과 같은 단어 역시 성조를 지키지 않으면 그 의미가 구분되지 않기 때문에 이런 경우는 성조를 꼭 지켜야 합니다.

3 一字多音 문제

중국어를 공부를 할 때, '朴 piáo, 朴 pò, 朴 pǔ, 朴 pō' 와 같이 여러가지 발음이 있는 글자 (多音字)가 있으니 주의해야 하며 이러한 경우에는 앞뒤 문맥을 잘 살펴 의미상으로 파악해야 합니다. 이것은 한국에서도 金의 음이 '금'과 '김'으로 나눈 것과 유사하다고 할 수 있습니다.

4 발음 문제

중국어를 배울 때 가장 어려운 점이 발음이라고 하는데, 이것은 一字一音의 관점에서 중국문자(한자)가 너무 많고, 또한 방언이 많기 때문입니다. 그러나 이 점에 있어서 지나친 선입견과 부담을 가질 필요는 없습니다. 왜냐하면 일반적으로 중국인들 가운데에도 완전한 표준어를 구사하는 사람은 그리 많지 않고 대부분의 사람들은 60~90%정도의 표준어에다 출신지역의 방언을 섞어 쓰고 있으며, 곧 중국인들은 이러한 언어 환경에 매우 익숙해져 있습니다. 따라서 중국어 공부를 하는 사람들은 다른 외국어를 배우는 방법과 마찬가지로 많이 듣고, 읽고, 쓰는 방법만이 최선이라고 생각합니다.

5 간체자 문제

중국어를 공부할 때 간체자를 자주 대하게 됩니다. 매우 많은 한국 사람들은 이것이 중국에서 새로이 나타난 문자라고 말하고 있으나 많은 간체자들은 이미 한국에서도 쓰였습니다. 본인이 서울대 도서관[奎章閣]에서 '삼국사기', '삼국유사', '법화경' 등 목판본을 조사한 결과 이미 수백년 전에 한국에서도 약자들이 쓰이고 있었습니다. 예를 들면 點(点 : 1764년), 學(学 : 1473년), 時(时 : 1632), 雲(云 : 1760년) 등으로서, 현대중국의 간체자와 160여 자가 동일하였습니다.

6 사전 문제

중국어를 공부하는 대다수의 사람들은 작문을 할 때 사전을 찾아 문장을 완성하는데, 많은 사람들이 현재 잘 쓰이지 않는 어휘들을 사용함으로 인해 현대중국어와 잘 어울리지 않는 문장이 되는 경우가 많습니다. 왜냐하면 현재 한국에서 출판한 사전의 대부분이 현대와 그 이전 어휘가 구별되어 있지 않고, 또한 대부분의 한국인의 의식 속에는 한국 한자어가 머리속에 잠재되어 있기 때문입니다.

7 아라비아 숫자 문제

중국어로 아라비아 숫자를 말해야 하는 경우가 많은데, 저의 경험으로 보면 중국어를 어느 정도 구사할지라도 아주 간단한 아라비아 숫자조차도 잘 표현하지 못하는 사람들을 많이 보았습니다. 그러므로 이 부분에도 관심을 갖고, 기본적인 표현 방법을 익혀야 하겠습니다.

8   一字多意 문제

중국문자(한자)의 대부분은 한 글자에 여러가지 뜻을 갖고 있습니다. 그러므로 중국어 문장을 해석할 때 이해가 잘 되지 않는 부분이 있을 경우가 많은데, 그때는 즉각 사전을 찾아서 그 글자가 갖고 있는 여러가지 뜻을 조사 분석해 보아야 합니다.

9   한국 한자어 문제

중국어를 배우는 한국 사람들이 중국인과 대화를 할 때 한국 한자어를 비교적 많이 사용하고 있는 경우를 볼 수 있는데, 한국에서 사용하고 있는 상당수의 한자어가 현재 중국에서는 사용되지 않거나 변해 버려 실제로 의사소통이 되지 않는 경우가 많습니다. 예를 들면 한국 한자어 '平和'는 '和平'으로 쓰이고 있으며, 중국어 단어 '平和' 속에는 이러한 '和平'의 의미가 없습니다.

10   어법 문제

중국어의 어법상의 특징을 살펴보면 굴절어인 영어에서처럼 어법규칙에 따라 어형이나 어미의 변화 등 원형이 달라지는 일이 없고, 또한 첨가어인 한국어에서처럼 '은(는)·이·가', '을(를)' 등의 첨가 요소가 붙지 않으며 어순이 문법적인 기능을 대신합니다.

제가 1986년말 한국에 와서 8년 여를 학원 및 대학 강의를 해오면서 학생들이 중국어를 구사할 때 한국에서만 사용하고 있는 한자어를 사용하거나, 대만에서만 쓰이고 있는 용어를 사용하는가 하면, 중국의 사회주의 관련용어를 사용하는 것을 자주 보았습니다. 그래서 본 교재는 이러한 문제점들을 탈피하고 보완함으로써, 한국·중국·대만에서 공통으로 사용할 수 있는 일반회화를 위주로 하여 한국 사람들이 중국어다운 중국어를 배울 수 있도록 엮었습니다. 그럼에도 불구하고 미비하고 부족한 점이 있으리라 생각되며 이러한 점은 계속 보완하도록 하겠습니다.

지금까지 이 책을 펴내는 데 여러모로 도움을 주신 출판사 관계자와 金兌坤 교수님, 曹永任 선생님, 朴鉦柱 선생님, 孫眞喜 제자께 깊은 감사의 말씀을 드립니다.

1998년 4월

著者 이광석

차 례

중국어 발음에 대해

중국어는 표의문자(表意文字)이기 때문에 글자만을 보아서는 그 발음이 어떤지를 알 수 없다. 따라서 중국에서는 예로부터 발음을 표시하는 방법을 여러 가지로 고안해서 써 왔다. 그중에서도 대표적인 것으로는 한어병음법과 주음부호가 있는데 오늘날에 가장 많이 쓰고 있는 것은 한어병음법이다. 한어병음법은 한자의 발음을 로마자로 음을 달고 그 위에 사성부호를 덧붙이는 방식이다.

주음부호는 한자의 형(形)을 부호화해서 만든 것으로, 현재 대만에서 사용하고 있으나, 이 책에서는 중국 본토의 한어병음법으로 표기했다.

중국어는 또한 한자 하나의 발음이 반드시 하나만 있지 않다. 우리말의 快樂(쾌락), 音樂(음악)의 樂(락, 악)과 같이 중국어로도 快乐은 kuàilè, 音乐은 yīnyuè이다.

중국어의 발음부호는 크게 자음(성모라고도 함) 21개, 모음(운모라고도 함) 16개 등 모두 37개로 이루어져 있다.

1 자음(子音)

b[ㅃ]	p[ㅍ]	m[ㅁ]	f[ㅍ]
d[ㄸ]	t[ㅌ]	n[ㄴ]	l[ㄹ]
g[ㄲ]	k[ㅋ]	h[ㅎ]	
j[ㅈ]	q[ㅊ]	x[ㅅ]	
zh[즈̃]	ch[츠̃]	sh[스̃]	r[르̃]
z[쯔]	c[츠]	s[쓰]	

앞에서 소개한 자음 중 zh, ch, sh, r, z, c, s를 제외하고는 단음으로, 즉
독립적으로 음을 나타낼 수 없으며 반드시 모음 앞에서 첫음만 낸다.

b 아래위 두 입술을 다물었다가 떼면서 우리말의
[ㅃ]음을 낸다.

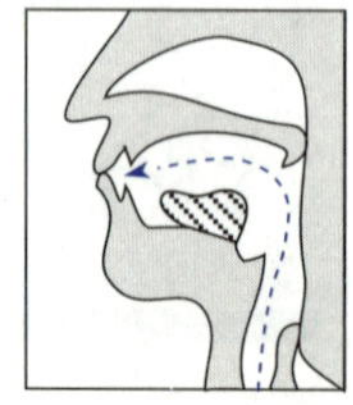

bǎo bao
宝宝[빠오빠오]
귀염둥이

bǎi bu
摆布[빠이뿌]
진열하다

p [b]의 발음 요령과 같으나 입김을 더 강하게 내보
내면서 우리말의 [ㅍ]음을 낸다.

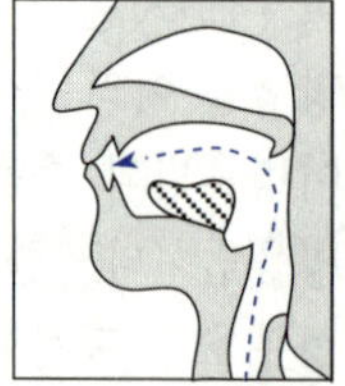

piān piān
翩翩[피엔피엔]
훨훨 나는 모양

pú pú
仆仆[푸푸]
여행길에 매우 치치다

m [b]의 발음요령과 같이 아래위 두 입술을 다물었
다가 떼면서 우리말의 [ㅁ]음을 낸다.

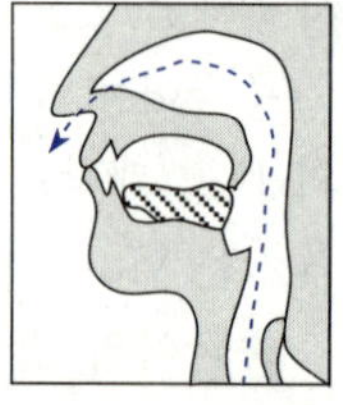

mǎi mài
买卖[마이마이]
장사(하다)

mài miáo
麦苗[마이미아오]
보리싹

f 윗니로 아랫입술을 가볍게 갖다 대고 그 사이로
숨을 내쉬면서 마찰시켜 내는 소리로 영어의 [f]
음과 같다.

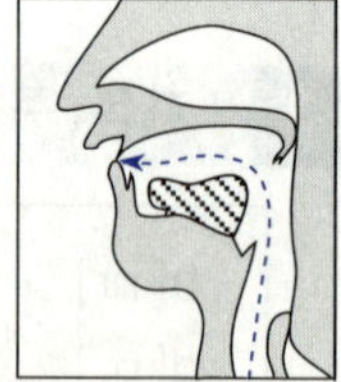

fáng fàn
防范[팡판]
방비하다, 예방하다

fēi fán
非凡[페이판]
비범하다

d 혀끝을 윗잇몸에 붙이고 있다가 떼면서 우리말의 [ㄸ]음을 낸다.

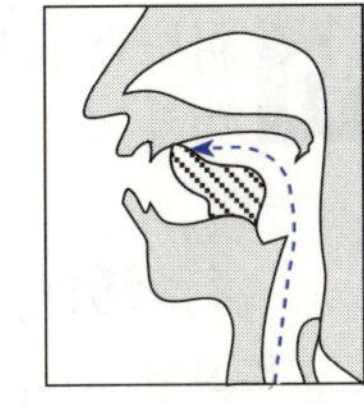

dā dāng
搭 挡[따땅]
콤비

dá duì
答 对[따뚜이]
대답하다

t [d]의 발음 요령과 같으나 입김을 더 강하게 내보내면서 우리말의 [ㅌ]음을 낸다.

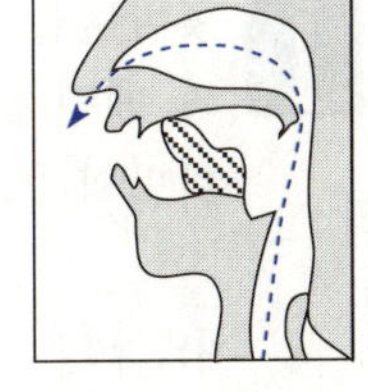

táo tuō
逃 脱[타오투어]
도망치다

táo tài
淘 汰[타오타이]
도태하다

n [d]의 발음 요령과 같이 혀끝을 윗잇몸에 붙이고 있다가 떼면서 우리말의 [ㄴ]음을 낸다.

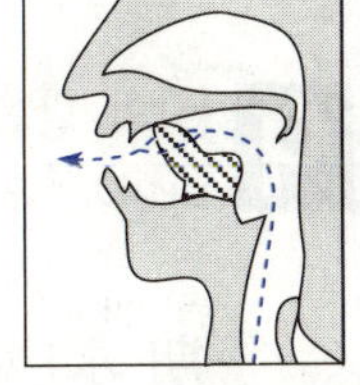

néng nai
能 耐[넝나이]
능력, 수완

nóng nú
农 奴[농누]
농노

l 혀끝을 세워 윗잇몸에 붙이고 있다가 떼면서 우리말의 [ㄹ]음을 낸다.

lā long
拉 拢[라롱]
끌어들이다

lái lì
来 历[라이리]
내력

g 혀뿌리를 올려 여린입천장에 붙였다가 떼면서 우리말의 [ㄲ]음을 낸다.

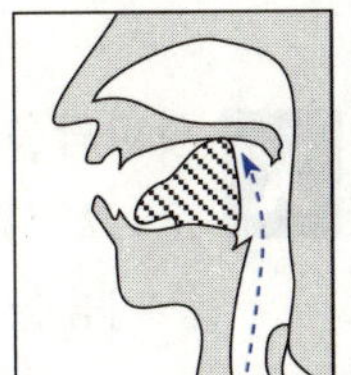

gāo gē
高 歌[까오꺼]
소리높여 노래부르다

gāngguǎn
钢 管[깡꾸안]
강철 파이프

k [g]의 발음 요령과 같으나 입김을 더 강하게 내보내면서 우리말의 [ㅋ]음을 낸다.

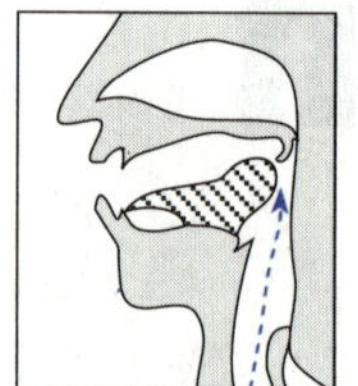

kě kǒu
可 口[커커우]
입에 맞다

kè kǔ
刻 苦[커쿠우]
고생을 참아내다

h 혀뿌리를 여린입천장에 닿을 듯이 접근시켜 그 사이로 숨을 내쉬면서 우리말의 [ㅎ]음을 낸다.

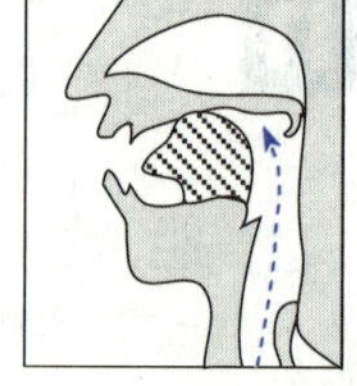

háng huà
行 话[항화]
직업 은어

háo huá
豪 华[하오화]
호화스럽다

j 혓바닥을 올려 굳은입천장에 가볍게 붙였다가 살짝 떼면서 그 사이로 숨을 내쉬면서 마찰시켜 우리말의 [ㅈ]음을 낸다.

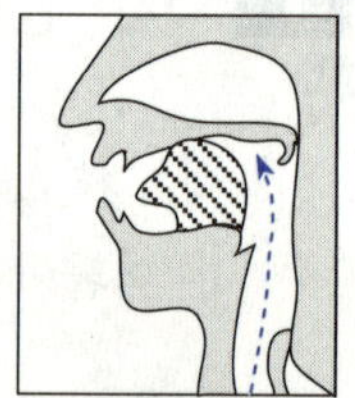

jī jí
积 极[지지]
적극적이다

jī jiàn
击 剑[지지엔]
펜싱

q [j]의 발음 요령과 같으나 입김을 더 강하게 내보내면서 우리말의 [ㅊ]음을 낸다.

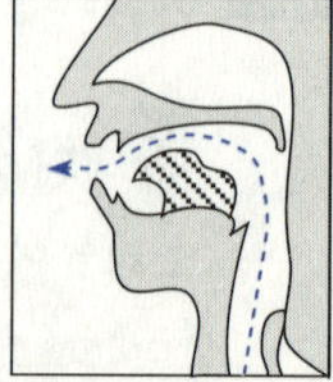

qī qiú
期 求[치치우]
바라다

qīn qì
亲 切[친치에]
친밀하다

x 혓바닥을 굳은입천장에 접근시키되 붙이지는 말고 그 사이로 숨을 내쉬면서 마찰시켜 우리말의 [ㅅ]음을 낸다.

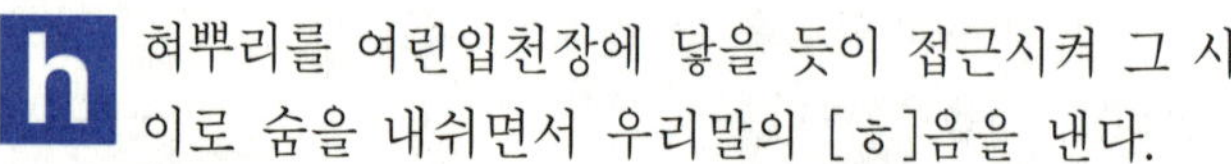

xī xī
西 西[시시]
CC

xì xīn
细 心[시신]
세심하다

zh 혀끝을 안으로 말아올려 굳은입천장에 가볍게 닿게 한 뒤 약간만 떼면서 그 사이로 숨을 내쉬며 마찰시켜 우리말의 [즈]음을 낸다.

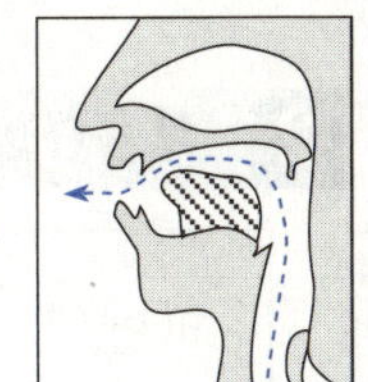

zhāozhǎn
招 展[쟈오쟌]
펄럭이다

zhēn zhèng
真 正[전정]
진정한

ch [zh]의 발음 요령과 같으나 입김을 더 강하게 내보내면서 우리말의 [츠]음을 낸다.

chāo chē
超 车[챠오처]
차를 추월하다

chì chéng
赤 城[츠청]
정성, 열성

sh [zh]의 발음 요령과 같으나 안으로 말아올린 혀끝을 굳은입천장에 닿을듯 말듯한 상태에서 그 사이로 숨을 내쉬며 마찰시켜 우리말의 [스]음을 낸다.

shǎnshuò
闪 烁[샨수오]
깜박거리다

shàngshēng
上 升[샹셩]
상승하다

r [sh]의 발음 요령과 같으나 성대를 울리면서 우리말의 [ㄹ]과 비슷한 음을 낸다.

rén rén
人人[런런]
사람마다

róng rǔ
荣 辱[롱루]
영욕

z 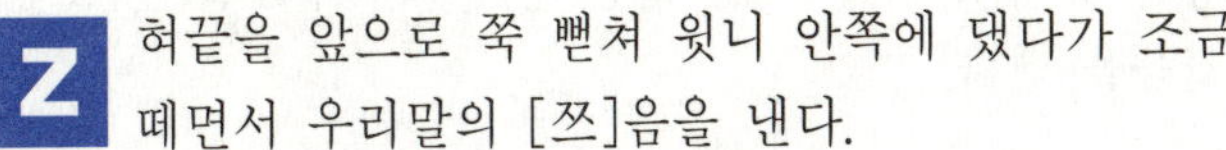 혀끝을 앞으로 쭉 뻗쳐 윗니 안쪽에 댔다가 조금 떼면서 우리말의 [쯔]음을 낸다.

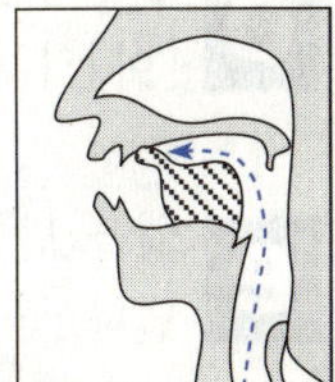

zì zūn
自 尊[쯔쥰]
자존(하다)

zōng zú
宗 族[쫑주]
종족

c [z]의 발음 요령과 같으나 입김을 더 강하게 내보내면서 우리말의 [츠]음을 낸다.

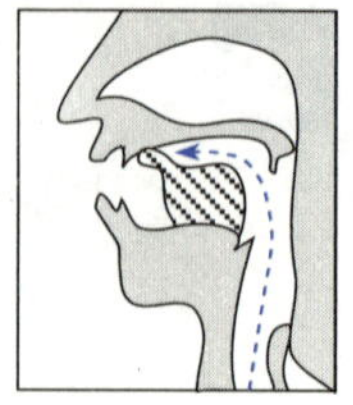

cū cāo
粗 糙[추차오]
거칠다

cuī cù
催 促[추이추]
재촉하다

s [z]의 발음 요령과 같으나 혀끝을 윗니 안쪽에 약간 닿을듯 말듯한 상태에서 그 사이로 숨을 내쉬며 마찰시켜 우리말의 [쓰]음을 낸다.

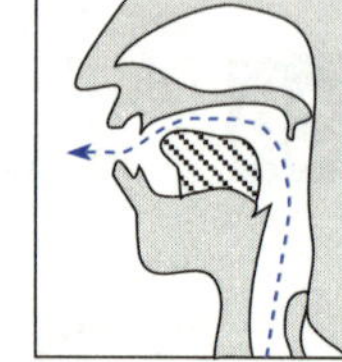

sī shì
私 事[쓰스]
개인의 일

sì sàn
四 散[쓰싼]
사방으로 흩어지다

2 모음(母音)

a[아]	o[오]	e[어]	ê[에]
ai[아이]	ei[에이]	ao[아오]	ou[어우]
an[안]	en[언]	ang[앙]	eng[엉]
er[얼]			
yi[이]	wu[우]	yu[위]	

a 혀를 입바닥으로 낮게 내리고 입은 크게 벌리면서 우리말의 [아]음을 낸다.

o 입모양을 둥글게 하고 혀를 약간 올린 상태에서 우리말의 [오]와 [아]의 중간음을 낸다.

e 입을 반쯤 벌리고 혀를 뒤로 약간 끌어당긴 채 우리말의 [어]음을 낸다.

ê 우리말의 [에]와 비슷한 발음으로서 입술을 약간 더 안쪽으로 끌어당겨서 소리낸다.

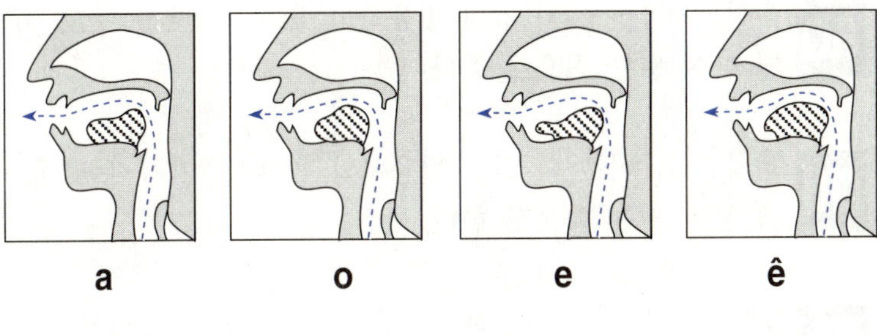

yi 혀의 앞부분을 굳은입천장에 가까워지도록 높이 올리고 입은 옆으로 벌린 상태에서 우리말의 [이]음을 낸다.

wu 입술을 둥글게 오므리면서 더 앞으로 내밀고 혀뿌리는 여린입천장에 가까워진 상태에서 우리말의 [우]음을 낸다.

yu 혀의 위치는 [yi]와 비슷하며 입술을 오므리고 앞으로 내밀되 약간 옆으로 벌린 듯하면서 우리말 [유]에 [이]가 약하게 붙는 듯한 음을 낸다. 이 음은 중국어에만 있는 독특한 음으로, 발음할 때 입모양이나 혀의 위치가 끝까지 변하지 않도록 주의해야 한다.

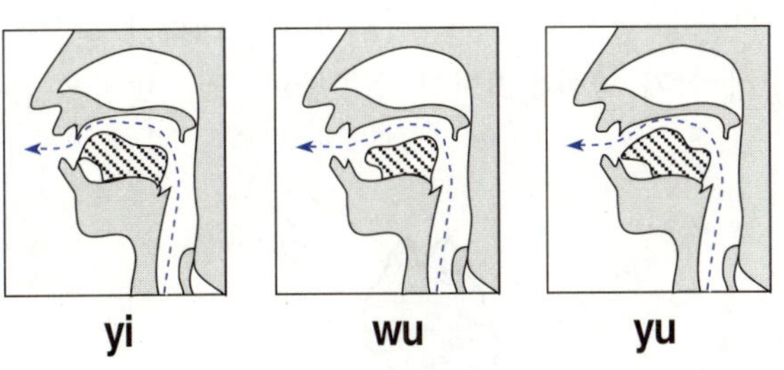

ai 우리말의 [아이]와 같이 발음하되, [a]에 강세를 두고 [i]는 가볍게 붙여 읽는 식으로 한다.

ei 우리말의 [에이]와 같이 발음하되, [e]에 강세를 두고 [i]는 가볍게 붙여 읽는 식으로 한다.

ao 우리말의 [아오]와 같이 발음하되, [a]에 강세를 두고 [o]는 가볍게 붙여 읽는 식으로 한다.

ou 우리말의 [어우]와 같이 발음하되, [o]에 강세를 두고 [u]는 가볍게 붙여 읽는 식으로 한다.

an 우리말의 [안]을 발음하듯, [a]발음을 내다가 우리말의 'ㄴ' 받침을 붙이면 된다.

en 우리말의 [언]을 발음하듯, [e]발음을 내다가 우리말의 'ㄴ' 받침을 붙이면 된다.

ang 우리말의 [앙]을 발음하듯, [a]발음을 내다가 우리말의 'ㅇ' 받침을 붙이면 된다.

eng 우리말의 [엉]을 발음하듯, [e]발음을 내다가 우리말의 'ㅇ' 받침을 붙이면 된다.

er 우리말의 [얼]을 발음하듯, 먼저 [e]발음을 내다가 혀끝을 굳은입천장을 향해 약간 말아올리면서 우리말의 'ㄹ' 받침을 붙이면 된다.

3 결합모음(結合母音)

ya[이야]	ye[이에]	yao[야오]	you[여우]
yan[이엔]	yin[인]	yang[양]	ying[잉]
wa[와]	wo[워]	wai[와이]	wei[웨이]
wan[완]	wen[원]	wang[왕]	weng[웡]
yue[위에]	yuan[위엔]	yun[윈]	yong[용]

모음 중 'yi, wu, yu'는 다른 모음과 합쳐 결합모음이 된다.

앞에서 이야기한 바와 같이 자음 b에서부터 x까지는 단독으로 음을 낼 수 없으므로 반드시 모음 혹은 결합모음에 붙어서 음을 낸다.

예를 들어, m은 'ㅁ'의 첫음이므로 모음 a를 붙여 읽으면 '마'라는 음이 되고, 결합모음 ying를 붙여 읽으면 '밍'이라는 음이 된다.

4 중국어 성조(聲調)

성조란 소리의 높낮이라고 말할 수 있는데, 중국어 학습에 있어서 절대로 소홀히 해서는 안될 중요한 요소이다. 중국어에는 같은 음절의 한자가 상당히 많지만, 한자는 각기 자신의 독특한 성조를 지니고 있으므로 같은 음절이라 할지라도 성조의 변화에 따라 뜻이나 한자가 달라지기 때문이다.

흔히들 중국어의 성조는 4성으로 나누어진다고 하나 좀더 자세히 나누면 6가지 기본 성조가 있다(감정과 억양의 성분은 제외).

4성이란 중국어의 제1성·제2성·제3성·제4성을 말하고, 6성이라 함은 4성에 반3성과 경성을 더한 것을 말한다.

그럼 도표를 통해 자세히 알아보도록 하자.

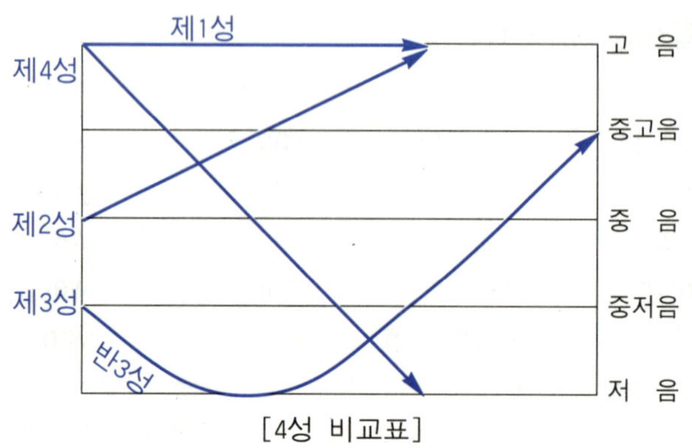

[4성 비교표]

❶ 제1성

고음에서 시작하여 같은 높이로 발음하는 성조로, 표기는 ‘¯’이다.

| hū | zhī | zhōng | cā | bō |

❷ 제2성

중음에서 시작해 고음을 향해 올리는 성조로, 표기는 ‘ˊ’이다.

| pá | lín | tú | téng | qíng |

❸ 제3성

중저음에서 시작하여 저음으로 내린 다음 다시 올리는 성조로, 표기는 ‘ˇ’이다.

| wǒ | bǎng | běi | jǐ | zǒng |

❹ 제4성

고음에서 시작하여 급격히 가장 낮은 음으로 내리는 성조로, 표기는 ‘ˋ’이다.

| xìn | bèi | shuì | diào | yàng |

❺ 반3성

3성에 해당하는 글자 뒤에 3성이 아닌 다른 글자가 있어 같이 이어서 발음할 때, 3성 성조의 앞부분, 즉 내리는 부분만 음을 내는 성조로 표기는 3성과 같다.

wǒ lái　　　　nǐ kàn　　　　lěng qì　　　　qǐng tā

3성음의 또 한 가지 변화는 앞뒤 2개의 3성 글자를 같이 이어서 발음할 때 앞에 있는 3성은 2성으로 발음한다.

wǒ lěng　　　nǐ děng　　　kǒng zǐ　　　zǒng tǒng

❻ 경성

두 음절 이상의 단어 중에서 마지막 음절은 종종 본래의 성조를 잃고 가볍게 발음(중음 정도)되는 경우가 있는데, 이것을 경성이라고 하며, 일반적으로 부호는 붙이지 않는다.

nǐ de　　　　tài tai　　　　jiě jie　　　　gē ge

❼ 성조기호를 붙이는 위치

성조를 나타내는 기호를 성조기호라고 하는데, 성조기호는 모두 모음 위에 붙이지만, 중국어에는 기본모음 외에 'ao, iao'와 같이 두 개 이상의 모음도 많다. 이와 같은 경우, 성조기호는 아무 곳에나 붙이는 것이 아니라, 다음의 원칙에 따르고 있다.

① 모음이 한 개인 경우에는 그 모음 위에 붙인다.

nà　　　　　wǒ　　　　　mā

② 모음이 2개 이상인 경우에는,

　㈀ 'a'가 있으면 'a'의 위에 붙인다.

biǎo　　　　chǎo　　　　jiào

　㈁ 'a'가 없으면 'o'나 'e'의 위에 붙인다.

shéi　　　　qióng　　　　yuè

　㈂ 'iu, ui'는 뒤의 모음 위에 붙인다.

guì　　　　jiù　　　　suī

'i'에 성조기호를 붙이는 경우에는 'ī'와 같이 '˙'를 생략한다.

三百六十五日 中國語

1

李光石　著

正進出版社

Nín hǎo ma?
A：您好吗？

Nín hǎo, Lǐ xiānsheng.
B：您好，李先生。

Nín dào nǎr qù?
A：您到哪儿去？

Wǒ dào nàr qù.
B：我到那儿去。

Zàijiàn.
A：再见。

Zàijiàn.
B：再见。

어휘

1. 吗　ma　助　의문을 나타내는 어기조사
2. 哪儿　nǎr　代　어디, 어떤, 어느(장소를 물을 때 쓰임)
3. 去　qù　動　가다
4. 那儿　nàr　代　그곳
5. 再见　zàijiàn　또 봅시다

본문해석

A : 안녕하십니까?
B : 안녕하세요, 이 선생님.
A : 당신 어디 가십니까?
B : 저는 그곳에 갑니다.
A : 안녕히 가세요.
B : 다시 봐요.

KEY POINT

❋ 你好

你好는 우리가 일상생활에서 일반적으로 쓰는 「안녕하세요」와 같은 말로, 중국사람들의 생활 중에서 항상 쓰이는 인사말이다. 때와 장소와 남녀노소를 가리지 않고 사용하는 말이며, 때에 따라서 아침 인사로는 早나 早安을 쓰며, 밤이나 취침시에는 晚安을 쓰기도 한다. 您은 你의 높임말(敬稱)이다.

❋ 那儿

那儿은 말하는 당사자로부터 멀리 떨어진 곳에 있는 사람, 사물, 장소를 가리키며 那里, 那搭儿도 같은 뜻으로 쓰인다.

❋ 再见

你好가 만났을 때 쓰는 일반적인 인사말이라면 再见은 「또 뵙겠습니다, 안녕히 계십시오[가십시오]」라는 뜻으로, 다시 만날 기일을 말하지 않고 헤어질 때 쓰는 가장 일반적인 인사말이다.

Nín hǎo ma?
A：您好吗？

Nín hǎo.
B：您好。

Zuìjìn máng ma?
A：最近忙吗？

Bù máng.
B：不忙。

Jiāli dōu hǎo ma?
A：家里都好吗？

Jiāli dōu hǎo.
B：家里都好。

Yǒu shíjiān lái wán.
A：有时间来玩。

Hǎo.
B：好。

Zàijiàn.
A：再见。

Zàijiàn.
B：再见。

어휘
1. 最近　zuìjìn　名 최근, 요즈음
2. 忙　máng　形 바쁘다
3. 家　jiā　名 집
4. 里　li　名 ~의 안
5. 都　dōu　副 모두
6. 有　yǒu　動 있다
7. 时间　shíjiān　名 시간
8. 来　lái　動 오다
9. 玩　wán　動 놀다

본문해석

A : 안녕하십니까?

B : 안녕하세요.

A : 요즘 바쁘세요?

B : 바쁘지 않아요.

A : 집안 사람들은 모두 안녕하십니까?

B : 모두 안녕합니다.

A : 시간 있으면 놀러오세요.

B : 좋습니다.

A : 또 봅시다.

B : 예, 또 봅시다.

KEY POINT

✽ **最近**

「최근, 요즈음, 일간」의 뜻으로 사용되며 미래에 대하여 쓰이기도 한다.

最近很少看电影。(요즘은 좀처럼 영화를 보지 않는다)

✽ **忙**

a. 바쁘다

我现在很**忙**。(저는 지금 매우 바쁩니다)

b. 서두르다. 서둘러 ~을 하다

你别**忙**!(서두르지 말라!)

c. ~을 준비하다

忙饭。(식사 준비를 하다)

Zǎoshang hǎo!
A : 早上好！

Zǎoshang hǎo!
B : 早上好！

Xiānsheng qǐ de zhēnzǎo.
A : 先生，起的真早。

Zǎoshuì zǎoqǐ shì ge hǎo xíguàn.
B : 早睡早起是个好习惯。

Nǐ měitiān zǎoshang dōu zhèyàng duànliàn shēntǐ ma?
A : 你每天早上都这样锻炼身体吗？

Wǒ zhèyàng duànliàn yǒu shíjǐnián le.
B : 我这样锻炼有十几年了。

Wǒmen yìqǐ pǎobù ba.
A : 我们一起跑步吧。

Hǎo.
B : 好。

어휘

1. 早上 zǎoshang 名 아침　　2. 好 hǎo 形 좋다, 안녕하다
3. 先生 xiānsheng 名 선생, 씨(성인남자에 대한 존칭)
4. 真 zhēn 副 정말(로), 참으로, 실로, 진실로
5. 早睡早起 zǎoshuì zǎoqǐ 动 일찍 자고 일찍 일어나다
6. 习惯 xíguàn 名 습관, 버릇, 습성
7. 你 nǐ 代 너, 자네, 당신　　8. 每天 měitiān 名副 매일
9. 这样 zhèyàng 代 이렇다, 이와 같다, 이렇게, 이래서
10. 锻炼 duànliàn 动 (몸과 마음을) 단련하다
11. 身体 shēntǐ 名 신체, 몸, 건강
12. 几 jǐ 代 몇(주로 10이하의 확실하지 않은 수를 물을 때 쓰인다)
13. 一起 yìqǐ 副 같이, 더불어, 함께
14. 跑步 pǎobù 名 구보 动 구보를 하다

A : 안녕히 주무셨어요!
B : 안녕히 주무셨어요!
A : 선생, 일찍 일어나셨군요.
B : 일찍 자고 일찍 일어나는 것은 좋은 습관입니다.
A : 당신은 매일 아침 이렇게 신체를 단련하십니까?
B : 저는 이렇게 단련한 지 십 몇 년 되었습니다.
A : 우리 함께 구보합시다.
B : 좋습니다.

KEY POINT

✻ 们

们은 복수를 나타내는 어미로 쓰이며, 단수 인칭대명사나 사람을 나타내는 명사 뒤에 덧붙인다.

✻ 인칭대명사

구분	1인칭	2인칭	3인칭
단수	我	你, 您	他, 她, 它
복수	我们	你们	他们, 她们, 它们

＊我「나, 저」, 你「너, 당신, 그대」, 您「당신, 선생님, 귀하」, 他「그 사람, 저 사람 등 남성」, 她「3인칭 여성」, 它「사물, 동물을 지칭하는 대명사」

● 위의 인칭대명사에 们을 붙여주면 복수가 된다.

4 中午

A：今天中午真热。

B：对，现在是最热的时候。

A：走，去买一瓶汽水喝喝。

B：好。

C：请这儿坐，您二位要什么？

A：我来一瓶汽水。

B：我来一个奶油雪糕。

어휘

1. 今天　jīntiān　名　오늘
2. 中午　zhōngwǔ　名　한낮 정오, 낮 12시 전후
3. 热　rè　形　덥다, 뜨겁다
4. 现在　xiànzài　名　지금, 이제, 현재
5. 买　mǎi　動　사다, 구입하다
6. 瓶　píng　名　병　量　병을 세는 양사
7. 汽水　qìshuǐ　名　사이다
8. 喝　hē　動　마시다, 술을 마시다
9. 坐　zuò　動　앉다
10. 位　wèi　量　분, 명(존경의 뜻 포함)
11. 奶油雪糕　nǎiyóu xuěgāo　名　아이스크림

본문해석

A : 오늘 낮은 정말로 덥군요.

B : 그렇습니다, 지금은 제일 더운 때입니다.

A : 갑시다, 사이다를 한 병 사서 마십시다.

B : 좋습니다.

C : 이쪽으로 앉으십시오. 두 분은 무엇을 드시겠습니까?

A : 저는 사이다 한 병 주십시오.

B : 저는 아이스크림 한 개 주십시오.

KEY POINT

✳ **是**

　是는 앞의 사람이나 사물에 대하여 판단 혹은 설명을 가하는 말이다. 是로 구성되는 문장의 형식은 다음과 같다.

　●긍정형식 : 명사(혹은 대명사)＋是＋명사(혹은 대명사)

　●부정형식 : 명사(혹은 대명사)＋不是＋명사(혹은 대명사)

　　我是韩国人。

　　(나는 한국인입니다)

　　他不是中国人。

　　(그는 중국인이 아닙니다)

✳ **의문대명사(谁, 什么, 哪儿)**

　谁, 什麼, 哪儿은 모두 의문대명사이다. 이것들은 주어 혹은 목적어의 위치에 놓여 질문의 대상을 표시하고 의문문을 이룬다. 谁는 사람을 묻고, 什么는 사물을 물으며, 哪儿은 장소를 묻는다.

Jīntiān xiàwǔ nǐ qù nǎr?
A : 今天下午你去哪儿？

Wǒ méi xiǎng guo.
B : 我没想过。

Nǐ xiànzài gǎnkuài bǎ shūbāo shōushi hǎo, wǒ dài nǐ qù yíge dìfang.
A : 你现在赶快把书包收拾好，我带你去一个地方。

Qù nǎr?
B : 去哪儿？

Děng yíhuìr nǐ jiù zhīdao le.
A : 等一会儿你就知道了。

Zhǔnbèi wán le.
B : 准备完了。

Hǎo, zǒu ba.
A : 好，走吧。

어휘
1. 下午　xiàwǔ　名　오후, 하오
2. 没　méi　副　～하지 않았다, 없다(＝没有)
3. 想　xiǎng　動　생각하다
4. 赶快　gǎnkuài　副　빨리, 얼른, 어서
5. 书包　shūbāo　名　책가방
6. 收拾　shōushi　動　거두다, 치우다, 정돈하다
7. 带　dài　動　인도[인솔]하다, 이끌다, 데리다
8. 地方　dìfang　名　장소, 곳, 공간의 일부분
9. 等　děng　動　기다리다
10. 一会儿　yīhuìr　잠시, 잠깐
11. 知道　zhīdao　動　알다, 이해하다, 깨닫다
12. 准备　zhǔnbèi　動　준비하다
13. 完　wán　動　끝나다

본문해석

A : 오늘 오후에 어디 가십니까?

B : 저는 생각해보지 않았습니다.

A : 지금 빨리 책가방을 정리하십시오. 제가 당신을 모시고 어떤 곳에 가겠습니다.

B : 어디로 갑니까?

A : 조금 후면 곧 알게 될 겁니다.

B : 준비가 다 되었습니다.

A : 좋습니다, 갑시다.

KEY POINT

✳ 吧(어기조사)

吧는 문장 끝에 쓰여 명령문을 만들며, 명령·요청·재촉·건의 등의 의미를 나타낸다. 또, 의문문에 쓰일 경우에는 추측의 어감을 갖는 질문을 나타낸다.

你走吧。 (너는 가라)

我们走吧。 (우리 갑시다)

你是中国人吧? (당신은 중국인이시죠?)

✳ 동작의 과거

중국어에 있어서 동사는 형태변화가 없다. 과거에 발생한 혹은 경험한 바를 설명하려면 동사의 앞에 시간부사어를 사용하거나, 동사의 뒤에 동태조사를 사용하거나, 또는 두 가지를 모두 사용한다. 문장의 구조는 다음과 같다.

● 긍정형식 : ~시간부사어+동사+过~

● 부정형식 : ~+没(有)+동사+过~

Lǎoshī, qīzhōng kǎoshì, kǎo xiē shénme?
A: 老师，期中考试，考些什么？

Nèiróng yǒu fānyì, zàojùzi, bèi kèwén.
B: 内容有翻译，造句子，背课文。

Bèi nǎ yí kè?
A: 背哪一课？

Dì sānkè, dì wǔkè hé dì qīkè.
B: 第三课，第五课和第七课。

Lǎoshī, yào bèi de kèwén tài cháng le.
A: 老师，要背的课文太长了。

Yìdiǎn yě bù cháng, guānjiàn shì nǐ bèi le méiyǒu.
B: 一点也不长，关键是你背了没有。

Bèi le yǐhòu, fēnshù shì duōshao?
A: 背了以后，分数是多少？

Xiān búyào xiǎng fēnshù, zhòngyào de shì nǐ bèi de zěnmeyàng.
B: 先不要想分数，重要的是你背的怎么样。

Āiyā, tài duō le.
A: 哎呀，太多了。

어휘

1. 期中考试　qīzhōng kǎoshì　图 중간고사
2. 翻译　fānyì　图动 번역(하다), 통역(하다)
3. 造句子　zàojùzi　动 글을 짓다
4. 背课文　bèi kèwén　动 암송하다　　5. 长　cháng　形 길다
6. 关键　guānjiàn　图 관건, 열쇠, 키포인트
7. 分数　fēnshù　图 점수　　8. 记住　jìzhu　动 확실히 기억해두다
9. 口音　kǒuyīn　图 발음, 음성
10. 清楚　qīngchu　形 분명하다, 명백하다
11. 会　huì　助动 ~할 가능성이 있다, ~할 것이다
12. 扣分　kòufēn　动 감점하다

Yí dìng yào jì zhu, bèi de shí hou yào kǒu yīn qīng chu, bù rán de huà huì

B：一定要记住，背的时候要口音清楚，不然的话会

kòu fēn de.

扣分的。

본문해석

A ： 선생님, 중간고사는 어떤 시험을 봅니까?

B ： 번역, 글짓기, 본문외우기입니다.

A ： 어떤 과를 외워야 합니까?

B ： 제3과, 5과, 7과입니다.

A ： 선생님, 외워야 할 본문이 너무 깁니다.

B ： 조금도 길지 않아요. 여러분이 외우느냐 못 외우느냐가 관건입
니다.

A ： 외운 후에, 점수는 몇 점입니까?

B ： 먼저 점수를 생각하지 마십시오. 중요한 것은 여러분이 외우는
것이 어떤가 하는 것입니다.

A ： 야아, 너무 많습니다.

B ： 꼭 기억해야 할 것은 외울 때 발음이 정확해야 하는데, 그렇지
않으면 감점될 것입니다.

KEY POINT

✳ 没, 没有

没, 没有가 동사 혹은 형용사 앞에 있을 때는 동작 혹은 상대의 발
생 혹은 출현을 부정하는 부사로 부사어가 된다. 보통 '~没(没有)+
동사(형용사)~' 형태로 쓰인다.

7 默写

A：老师这次小测验考什么？

Kǎo wǒmen xué guo de nèiróng.

B：考我们学过的内容。

Kǎo de nèiróng duō ma?

A：考的内容多吗？

Yǒu shēngcí, zàojùzi, háiyǒu mòxiě.

B：有生词，造句子，还有默写。

Mòxiě nǎ yí kè?

A：默写哪一课？

Mòxiě dì jiǔkè, hé dì shíkè.

B：默写第九课，和第十课。

Mòxiě fēnshù shì duōshao?

A：默写分数是多少？

Sì shí fēn, yào zhùyì yòng jiǎntǐzì xiě. Dàjiā háiyou shénme wèntí ma?

B：40分，要注意用简体字写。大家还有什么问题吗？

Méiyou le.

A：没有了。

Nàme huíqù hǎohao zhǔnbèi, zhǔnbèi ba.

B：那么回去好好准备，准备吧。

어휘
1. 测验　cèyàn　名動　시험(하다), 테스트(하다)
2. 考　kǎo　名動　시험(보다, 치다)
3. 生词　shēngcí　名　새 낱말, 새 단어
4. 默写　mòxiě　動　(읽었던 문장을)외워쓰다　名　외워쓰기
5. 注意　zhùyì　動　주의하다, 준비하다
6. 简体字　jiǎntǐzì　名　약자, 간체자
7. 准备　zhǔnbèi　動　준비하다

본문해석

A : 선생님, 이번 테스트는 무엇입니까?

B : 우리들이 배운 내용을 시험봅니다.

A : 시험볼 내용이 많습니까?

B : 새 단어, 글짓기, 또 외워쓰기입니다.

A : 외워쓰기는 몇 과입니까?

B : 외워쓰기는 9과와 10과입니다.

A : 외워쓰기 점수는 몇 점입니까?

B : 40점입니다. 간체자를 사용해서 써야 하는 것에 주의하십시오.
    여러분, 또 무슨 질문 있습니까?

A : 없습니다.

B : 그러면 돌아가셔서 준비 잘하십시오.

KEY POINT

✳ 多少와 几

　현대 중국어에서 수량을 물을 때에는 수량의문사인 多少와 几를 쓴다. 숫자가 크든 작든 사용할 수 있지만, 보통 10 이상이나 불확정적인 숫자 또는 물량을 물을 때에는 多少를 쓰고, 10 이내의 수를 물을 때에는 几를 쓴다. 多少는 명사와 직접 결합하거나 단독으로 쓸 수 있고, 几는 단독으로 사용할 수 없고 반드시 양사와 함께 사용한다.

　你有几个孩子?

　(당신은 아이가 몇입니까?)

　你们班有多少人?

　(너희 반은 몇 명이니?)

Jīntiān kè jiù shàng dao zhèli, wǒ xiànzài yào bùzhì zuòyè le,

A : 今天课就上到这里，我现在要布置作业了，

qǐng zhùyì tīng.

请注意听。

Yào bùzhì shénme zuòyè?

B : 要布置什么作业？

Tóngxuémen, míngtiān yào tīngxiě, qǐng huíjiā zhǔnbèi.

A : 同学们，明天要听写，请回家准备。

Tīngxiě nǎ yíbùfēn?

B : 听写哪一部分？

Tīngxiě jīntiān shàng de kè.

A : 听写今天上的课。

Lǎoshī, tài duō le.

B : 老师，太多了。

Duō shénme, zhème yìdiǎndian dōu xián duō ma?

A : 多什么，这么一点点都嫌多吗？

Lǎoshī míngtiān wǒmen bié de zuòyè hěnduō.

B : 老师明天我们别的作业很多。

어휘

1. **布置** bùzhì 動 배치하다
2. **作业** zuòyè 名 숙제, 과제
3. **注意** zhùyì 動 주의하다
4. **听** tīng 動 듣다
5. **听写** tīngxiě 名動 받아쓰기(를 하다)
6. **回家** huíjiā 動 집으로 돌아가다
7. **老师** lǎoshī 名 선생님, 스승, 은사
8. **养成** yǎngchéng 動 양성하다, 기르다, 키우다
9. **坏习惯** huài xíguàn 名 나쁜 습관
10. **不行** bùxíng 形 (허락할 수 없다는 뜻으로) 안된다

Nǐmen yǐjīng yǎngchéng huài xíguàn le, zhè yìdiǎndian zuòyè yě xián duō,

A : 你们已经养成坏习惯了，这一点点作业也嫌多，

nà bùxíng.

那不行。

본문해석

A : 오늘 수업은 여기까지 하기로 하고, 지금 숙제를 내드리겠습니다. 잘 들으십시오.

B : 무슨 숙제를 내주시려고 합니까?

A : 여러분, 내일은 듣고 받아쓰기를 할 테니, 집에 돌아가서 잘 준비하십시오.

B : 어느 부분을 받아쓰기합니까?

A : 오늘 수업한 과입니다.

B : 선생님, 너무 많습니다.

A : 뭐가 많습니까, 이 정도도 많다고 합니까?

B : 선생님, 내일 저희들은 다른 숙제도 매우 많습니다.

A : 여러분은 나쁜 습관을 길렀군요. 이 정도도 많다고 생각하면, 그러면 안됩니다.

KEY POINT

✱ 了

了는 변화와 완료를 나타내는 조사로서, 보통 형용사나 동사 뒤, 혹은 문장 끝에 놓인다.

◆알아두어야 할 4가지 관용 형태

1. 不是~了「이젠 ~이 아니다」   2. 不~了「이젠 ~않는다」

3. 快~了「곧 ~이 된다」   4. 别~了「이젠 ~하지 마라」

Tóngxué men, xiànzài gěi dàjiā bùzhì zuòyè.
A : 同学们，现在给大家布置作业。

Shénme zuòyè.
B : 什么作业。

Qǐng dàjiā bǎ shū fān dào sì shí èr yè, kàn dì sān ge wèntí, zhèli yǒu liù
A : 请大家把书翻到42页，看第三个问题，这里有6

ge shēngcí, qǐng dàjiā huíqù zàojùzi. Míngtiān jiāo gěi xuéshēng gànshi,
个生词，请大家回去造句子。明天交给学生干事，

wán le yǐhòu, xuésheng gànshi bǎ zuòyè sòng dào wǒ de yánjiūsuǒ. Rúguǒ
完了以后，学生干事把作业送到我的研究所。如果

wǒ bú zài, fàng zài zhuōzi shang jiù xíng le.
我不在，放在桌子上就行了。

Míngtiān shénme shíhou jiāo zuòyè?
B : 明天什么时候交作业？

Zǎoshang, lái xuéxiào jiù jiāo zuòyè, wǒ gǎi wán le yǐhòu, dì sì jié
A : 早上，来学校就交作业，我改完了以后，第四节

kè, bǎ gǎi de zuòyè fā gěi nǐmen kàn, dàjiā dōu tīngdǒng le ma?
课，把改的作业发给你们看，大家都听懂了吗？

Zhīdao le
B : 知道了。

어휘

1. 翻　fān　動 （책을）펴다　　　2. 页　yè　量 페이지, 면(面)

3. 问题　wèntí　名 문제, 질문

4. 学生干事　xuéshēng gànshi　名 학생 대표

5. 研究所　yánjiūsuǒ　名 연구실　　6. 桌子　zhuōzi　名 탁자

7. 改　gǎi　動 바로잡다, 고치다

8. 节　jié　量 여러 개로 나누어진 것을 세는 데 쓰임「两节课：2시
간의 수업」　　9. 听懂　tīngdǒng　動 알아듣다, 들어서 알다

A : 여러분, 지금 여러분께 숙제를 내주겠습니다.

B : 어떤 숙제입니까?

A : 모두 책 42페이지를 펴고, 세번째 문제를 보시면, 여기 6개의 새 단어가 있습니다. 모두 돌아가셔서 글을 지으십시오. 내일 학생 대표에게 모두 낸 후, 학생 대표가 숙제를 제 연구실로 가져와 주십시오. 만일 제가 없을 때에는, 책상에 놓아두면 됩니다.

B : 내일 언제 숙제를 내야 합니까?

A : 아침 학교에 와서 바로 숙제를 내시면, 제가 고친 후에 네째 시간에 고친 숙제를 당신들에게 주면 보십시오. 모두 이해하셨습니까?

B : 알겠습니다.

KEY POINT

✽ 在

在는 동사, 부사 또는 전치사가 될 수 있다. 在가 전치사가 되면 명사 혹은 시간·장소·방위를 표시하는 말과 함께 전치사구조를 구성하여, 동작이 발생한 시간·장소 등을 표시한다. 상용격식은 '~在+명사+동사~'이다.

✽ 在, 不在

在와 不在가 동사 앞에 사용되면 모두 시간부사로서 동작이 진행중임을 설명한다. 상용격식은 '~在(不在)+동사~'이다. 만약 在의 앞에 不를 붙이면 부정형식이 되지만, 正在의 앞에 不를 붙이면 반문의 어기를 지니지만 의미는 여전히 긍정적이다.

Xiǎo liú, nǐmen kuài fàng shǔjià le ba.
A : 小刘，你们快放暑假了吧。

Zhècì qīmò kǎoshì hòu jiù fàngjià le.
B : 这次期末考试后就放假了。

Nǐ xiànzài shìbushì zhǔnbèi kǎoshì?
A : 你现在是不是准备考试？

Duì, yīnwèi lí kǎoshì shíjiān bù yuǎn le.
B : 对，因为离考试时间不远了。

Nǐ zhǔnbèi de zěnmeyàng le?
A : 你准备得怎么样了？

Zhèyícì, yídìng yào kǎo ge qián sānmíng, yīnwèi wǒ shàng le liǎngnián dá
B : 这一次，一定要考个前三名，因为我上了两年大

xué hái méi dé guo jiǎngxuéjīn ne.
学还没得过奖学金呢。

어휘
1. 暑假　shǔjià　名　여름방학
2. 期末考试　qīmò kǎoshì　名　기말고사
3. 放假　fàngjià　动　휴가로 쉬다, 방학하다
4. 离　lí　前　～까지
5. 远　yuǎn　形　(시간상)멀다, 오래다
6. 得　dé　动　얻다, 획득하다
7. 奖学金　jiǎngxuéjīn　名　장학금
8. 精神　jīngshén　名　정신
9. 休息　xiūxi　名动　휴식(하다), 휴양(하다)
10. 打扰　dǎrǎo　动　(남의 일을)방해하다, 폐를 끼치다
11. 慢　màn　形　느리다　动　늦추다
12. 复习　fùxí　名动　복습(하다)

Duì, yīnggāi yǒu zhè zhǒng xuéxí jīngshén, dàn yào zhùyì xiūxi.
A : 对，应该有这种学习精神，但要注意休息。

Shì, zhī dao le.
B : 是，知道了。

Nǐ mànman de fùxí ba, wǒ bù dǎrǎo nǐ le.
A : 你慢慢地复习吧，我不打扰你了。

Hǎo, nǐ màn zǒu.
B : 好，你慢走。

본문해석

A : 리우군, 당신은 곧 여름방학을 하게 되지요.

B : 이번 학기말 시험이 끝나면 바로 방학입니다.

A : 당신은 지금 시험 준비를 하고 있지 않습니까?

B : 맞습니다. 시험 기간까지는 오래 남지 않았기 때문입니다.

A : 준비는 어떻습니까?

B : 이번에 반드시 3등 안에 들어야 합니다. 왜냐하면 저는 대학 2
    년을 다녔는데 아직 장학금을 받아보지 못했기 때문입니다.

A : 맞습니다. 마땅히 이러한 학습 정신이 있어야 합니다만, 휴식에
    도 주의해야 합니다.

B : 그럼요, 알겠습니다.

A : 천천히 복습하십시오. 저는 방해하지 않겠습니다.

B : 좋습니다, 천천히 가십시오.

KEY POINT

❋ 의문대명사

의문방향	의문대명사
사람	谁
사물	什么, 哪
방법·상태	怎么, 怎样, 怎么样
장소	哪儿, 哪里
시간	几时, 什么时候
원인	为什么, 怎么
시간·수량	几, 多少

❋ 呢

　어기조사 呢는 평서문의 문장 끝에 있으면 동작이 진행중임을 나타내나, 의문형에서는 「～지요?」라는 뜻으로 쓰이고, 말을 돌려 물을 때에는 「～는요?」라는 뜻으로 쓰인다. 문장 중에는 통상 在, 不在 등의 부사가 함께 쓰인다.

① 在＋동사～(呢)

　他在吃饭(呢)。

　(그는 밥을 먹고 있다)

② 正＋동사～(呢)

　他正吃饭(呢)。

　(그는 밥을 먹고 있다)

③ 正在＋동사～(呢) ←특히 강조할 때

　他正在吃饭(呢)。

　(그는 마침 밥을 먹고 있다)

年, 月, 日의 표시

❋ 年

大前年	dàqiánnián	재재작년
前年	qiánnián	재작년
去年	qùnián	작년
今年	jīnnián	금년
明年	míngnián	내년
后年	hòunián	내후년
大后年	dàhòunián	내내후년
十年前	shíniánqián	10년 전
第二年	dì'èrnián	다음해

❋ 月

上上个月	shàngshànggeyuè	지지난달
上个月	shànggeyuè	지난달
这个月(本月)	zhègeyuè(běnyuè)	이번달
下个月	xiàgeyuè	다음달
下下个月	xiàxiàgeyuè	다다음달

❋ 日

大前天	dàqiántiān	그끄저께
前天	qiántiān	그저께
昨天	zuótiān	어제
今天	jīntiān	오늘
明天	míngtiān	내일
后天	hòutiān	모레
大后天	dàhòutiān	글피
第二天	dì'èrtiān	다음날

Nǐ shǒuli ná de shénme běnzi?

A：你手里拿的什么本子？

Shì rìjìběn.

B：是日记本。

Āi, nǐ cháng xiě rìjì ma?

A：哎，你常写日记吗？

Wǒ měitiān dōu xiě.

B：我每天都写。

Xiě rìjì yǒu duō cháng shíjiān le?

A：写日记有多长时间了？

Wǒ jiānchí xiě le sān nián duō le.

B：我坚持写了 3 年多了。

Zài zhè duàn shíjiān li, yǒuméiyou lòudiào xiě rìjì?

A：在这段时间里，有没有漏掉写日记？

Jīběn shang méiyou.

B：基本上没有。

Nǐ zhè yàng jiānchí xiě, yǒu shénme hǎo jiéguǒ ma?

A：你这样坚持写，有什么好结果吗？

Wǒ juéde bǎ zìjǐ yìtiān zuò de shì jì xià lái, shì yíjiàn hǎoshì.

B：我觉得把自己一天做的事记下来，是一件好事。

어휘

1. **本子** běnzi 名 공책, 노트　　2. **日记本** rìjìběn 名 일기장

3. **坚持** jiānchí 动 견지하다, 지속하다

4. **漏掉** lòudiào 动 (글자, 조항 따위를)빠뜨리다, 빼먹다

5. **结果** jiéguǒ 名 결실, 결과　　6. **记下来** jì xià lái 기록하다

7. **件** jiàn 量 일·사건·개체의 사물을 세는 데 사용함

본문해석

A : 당신 손에 가지고 있는 것은 무슨 노트입니까?

B : 일기장입니다.

A : 아, 당신은 항상 일기를 쓰십니까?

B : 저는 매일 씁니다.

A : 일기는 얼마 동안 쓰셨습니까?

B : 저는 3년 넘게 지속적으로 썼습니다.

A : 이 기간 동안에 일기쓰기를 빼먹은 적이 있습니까?

B : 거의 없습니다.

A : 이렇게 지속적으로 쓰면 무슨 좋은 결과가 있습니까?

B : 자기가 하루에 했던 일을 기록하는 것은 좋은 일이라고 생각합니다.

KEY POINT

✳ 都

都는 「모두, 다」라는 뜻의 총괄을 나타내는 부사이다. 개괄되는 대상이 모두 가리키는 범위 내에 있으며 예외가 없음을 설명한다. 都가 총괄하는 대상은 복수여야 한다. 참고로 一共「모두」는 수의 합을 나타내는 부사로, 문장 속에 반드시 수사나 수사의 물음사가 들어 있어야 한다.

我们**都**有中文书。(우리는 모두 중국어 책이 있다)

他**一共**有三本书。(그는 모두 세 권의 책이 있다)

Zhè wénzhāng shuí xiě de?
A：这文章谁写的？

Wǒ men bānli yíge nǚ tóngxué xiě de.
B：我们班里一个女同学写的。

Xiě de zhēnhǎo.
A：写得真好。

Hǎo zài shénme dìfang?
B：好在什么地方？

Nǐ kàn wénzhāng tōngsú yìdǒng, zhè bú shì hěnhǎo ma?
A：你看文章通俗易懂，这不是很好吗？

Wǒ yě cháng liànxí xiě, dàn zěnme yě xiě bùhǎo.
B：我也常练习写，但怎么也写不好。

Xiě wénzhāng de shíhou, yào zhuāzhu zhōngxīn nèiróng, yào zhīdao děi jīngcháng
A：写文章的时候，要抓住中心内容，要知道得经常

xiě, fǎnfù xiě, zhèyàng cáinéng tígāo nǐ de xiě wénzhāng shuǐpíng.
写，反复写，这样才能提高你的写文章水平。

Wǒ míngtiān xiě yì piān wénzhāng, nálái qǐng lǎoshī gǎiyigǎi.
B：我明天写一篇文章，拿来请老师改一改。

어휘
1. 文章　wénzhàng　名 문장
2. 谁　shuí　代 누구
3. 写　xiě　动 글씨를 쓰다
4. 班　bān　名 반, 조
5. 通俗　tōngsú　形 통속적이다
6. 易懂　yìdǒng　形 알기쉽다, 평이하다
7. 练习　liànxí　动 연습하다, 익히다
8. 抓住　zhuāzhu　动 붙잡다, 움켜잡다, 틀어쥐다
9. 中心　zhōngxīn　名 중심
10. 反复　fǎnfù　动 반복하다
11. 提高　tígāo　动 향상시키다
12. 水平　shuǐpíng　名 수준
13. 篇　piān　量 편(일정한 형식을 갖춘 문장을 세는 단위)

Hǎo, xiě hǎo hòu nálái gěi wǒ kànkan.
A : 好，写好后拿来给我看看。

Míngtiān jiàn.
B : 明天见。

본문해석

A : 이 문장은 누가 쓴 것입니까?

B : 우리반 여자학우가 쓴 것입니다.

A : 매우 잘 썼습니다.

B : 어떤 점에서 좋습니까?

A : 문장이 통속적이고 이해하기 쉬운데, 이것은 매우 좋은 것 아닙니까?

B : 저도 항상 쓰기를 연습합니다만 아무리해도 잘 쓰지 못합니다.

A : 문장을 쓸 때에는 중심내용을 파악해야 하고, 자주 쓰고 반복해서 써야 한다는 것을 알아야 합니다. 이렇게 해야만 비로소 당신의 문장 쓰는 실력을 향상시킬 수 있습니다.

B : 저는 내일 한 편의 문장을 써서 가져올 테니 수정 좀 해주세요.

A : 좋습니다. 다 쓴 후에 저에게 가져오십시오.

B : 내일 봅시다.

KEY POINT

✽ **看看**

看看은 동사 看의 중첩형식이다. 일부분의 중국어 동사는 중첩하여 사용할 수 있는데, 단음절 동사(看)의 중첩형식은 AA(看看)이고, 2음절 동사(检查)의 중첩형식은 ABAB(检查检查)이다. 동사는 중첩된 후 어감이 완화되는데, 시도나 짧은 시간의 동작 행위임을 표시한다. 간청하거나 상의할 경우 주로 사용하며 동작은 일반적으로 아직 발생하지 않거나 진행중임을 나타낸다.

13 学开车

Nǐ gěi wǒ jiāo yíxià kāichē ba, wǒ xiǎng yào kǎo jiàshǐ zhízhào.
A：你给我教一下开车吧，我想要考驾驶执照。

Zhè bù nán, bùzhī nǐ kǎo nǎ zhǒng? Wǒ hǎo zuò ge zhǔnbèi.
B：这不难，不知你考哪种？我好做个准备。

Kǎo xiǎoxíng chē de.
A：考小型车的。

Nǐ xiànzài bùguāng yào xué zěnyàng jiàshǐ qìchē, háiděi zhǔnbèi xuéxí jiāo
B：你现在不光要学怎样驾驶汽车，还得准备学习交

tōng guīzé.
通规则。

Wǒ xiànzài nǎozi hěnluàn, bùzhī zěnyàng zhǔnbèi cáixíng.
A：我现在脑子很乱，不知怎样准备才行。

Dìyī, yào zhǔnbèi cānjiā bǐshì, dì'èr, háiyào zhǔnbèi lùkǎo.
B：第一，要准备参加笔试，第二，还要准备路考。

Kǎo bǐshì wǒ búpà, jiùshi dānxīn lùkǎo.
A：考笔试我不怕，就是担心路考。

Nǐ shuō de duì, yīwèi lùkǎo, táotài de rén hěnduō.
B：你说的对，因为路考，淘汰的人很多。

어휘
1. 教　jiāo　動　가르치다, 지도하다　　2. 开车　kāichē　운전하다
3. 驾驶执照　jiàshǐ zhízhào　名　운전면허증
4. 难　nán　形　어렵다　　　　5. 小型车　xiǎoxíng chē　名　소형차
6. 学习　xuéxí　名動　학습(하다)
7. 交通规则　jiāotōng guīzé　교통규칙
8. 脑子　nǎozi　名　머릿골, 두뇌
9. 乱　luàn　形　혼란하다　　10. 笔试　bǐshì　名　필기시험
11. 路考　lùkǎo　名　기능시험(코스, 주행 등)
12. 怕　pà　動　무서워하다　　13. 淘汰　táotài　動　도태하다

본문해석

A : 저에게 운전 좀 가르쳐 주십시오. 저는 운전 면허시험을 보려
　　고 합니다.

B : 어렵지 않습니다. 어떤 종류를 시험보는지 모르겠군요? 저는 준
　　비를 잘해 드리겠습니다.

A : 소형차를 시험보려고 합니다.

B : 당신은 지금 어떻게 운전을 하는가를 배워야 할 뿐만 아니라, 또
　　교통법규 공부도 준비해야 합니다.

A : 저는 지금 머리가 아주 혼란스러워 어떻게 준비해야 좋을지 모
　　르겠습니다.

B : 첫번째로, 필기시험을 준비해야 하고, 두번째는, 기능시험을 준
　　비해야 합니다.

A : 필기시험은 두렵지 않은데 기능시험이 걱정됩니다.

B : 당신 말씀이 맞습니다. 기능시험은 떨어지는 사람이 매우 많습
　　니다.

KEY POINT

✻ 的

　的가 문장 끝에 쓰이면 어기조사로서, 단정적인 뜻 혹은 확신의 어
감을 나타낸다.

　这件事我知道的。(저 일은 내가 아는 것이다)

✻ 还(부사 hái, 동사 huán)

　还는「아직, 여전히, 또, 더욱, 그래도, 결국」이란 뜻의 부사이지만,
동사로 쓰일 때는,「돌려주다」라는 뜻이다.

　你还没吃晚饭吗? (당신 아직 저녁식사 안했어요?)

　我已经把书还给他了。(나는 이미 책을 그에게 돌려주었다)

Xiǎo Wáng, wǒliǎng míngtiān qù jiāoyóu zěnmeyàng?
A：小王，我俩明天去郊游怎么样？

Míngtiān wǒmen zěnme qù?
B：明天我们怎么去？

Qí zìxíngchē qù.
A：骑自行车去。

Wǒ jiǎotàchē qí de bùhǎo.
B：我脚踏车骑得不好。

Nà méiguānxi, mànman qí zhe zǒu jiùxíngle.
A：那没关系，慢慢骑着走就行了。

Wǒ shàngcì qí guo yícì, kě bùhǎo qí.
B：我上次骑过一次，可不好骑。

어휘

1. 郊游　jiāoyóu　動　소풍가다
2. 骑　qí　動　타다
3. 自行车　zìxíngchē　名　자전거
4. 脚踏车　jiǎotàchē　名　자전거
5. 没关系　méiguānxi　관계없다, 괜찮다
6. 大众　dàzhòng　名　대중
7. 交通工具　jiāotōng gōngjù　名　교통수단
8. 大街　dàjiē　名　큰길, 번화가, 큰거리, 대로
9. 串来串去　chuànlái chuànqù　여기저기를 쏘다니다[드나들다]
10. 方便　fāngbiàn　形　편리하다
11. 告诉　gàosu　動　알리다, 말하다
12. 要领　yàolǐng　名　요령, 요점
13. 车把　chēbǎ　名　(자전거·자동차 따위의)운전대, 손잡이, 핸들
14. 保持　bǎochí　動　지키다, 유지하다
15. 平衡　pínghéng　名　평형, 균형　動　평형되게 하다, 균형있게 하다
16. 蹬　dēng　動　(다리를)뻗다, 버티다, 디디다, 밟다

Zìxíngchē shì Zhōngguórén de dàzhòng jiāotōng gōngjù, nǐ yídìng děi xuéhǎo.
A : 自行车是中国人的大众交通工具，你一定得学好。

Kàn wǒ měitiān qí zìxíngchē zài dàjiē shang chuànlái chuànqù, hěn fāngbiàn.
看我每天骑自行车在大街上串来串去，很方便。

Nǐ shì cóngxiǎo jiùhuì qí le, wǒ bùtóng, wǒ lái Zhōngguó méi jǐ tiān.
B : 你是从小就会骑了，我不同，我来中国没几天。

Wǒ gàosu nǐ yíge yàolǐng, qí zìxíngchē, dāng bǎ chēbǎ zhuāzhu
A : 我告诉你一个要领，骑自行车，当把车把抓住

shí, shēntǐ bǎochí pínghéng, yòng lì dēng jiùxíngle.
时，身体保持平衡，用力蹬就行了。

본문해석

A : 왕형, 우리들 내일 소풍가는 게 어떻습니까?

B : 내일 우리 어떻게 갈 건데요?

A : 자전거를 타고 갑니다.

B : 저는 자전거를 잘 타지 못합니다.

A : 관계없습니다. 천천히 타고 가면 됩니다.

B : 저는 지난번에 한번 타 보았는데, 타기가 쉽지 않았습니다.

A : 자전거는 중국인의 대중 교통수단입니다. 당신도 반드시 잘 배워야 합니다. 저는 매일 자전거를 타고 길거리를 드나드는데 매우 편리합니다.

B : 당신은 어렸을 때부터 탔지만 저는 그렇지 않습니다. 저는 중국에 온 지 며칠 되지도 않았습니다.

A : 제가 당신께 요령을 가르쳐 드리겠는데, 자전거를 타서 핸들을 잡을 때, 몸은 평형을 유지해야 하고, 힘을 써서 밟으면 됩니다.

骑自行车

KEY POINT

✳ 很

　부사 很은 보통 형용사와 심리활동을 표시하는 동사 앞에서 정도를 표시하는데, 사용되는 형식은 '주어＋很＋형용사(또는 심리활동동사)' 이다. 很의 앞 혹은 뒤에 모두 不를 첨가하여 부정을 표시할 수 있다. 단, 不가 놓이는 위치에 따라 부정의 정도는 다르다. 예를 들어, 很不 는「매우 ～하지 않다」이지만 어순을 바꿔 不很이라고 하면「그다지 ～하지 않다」라는 뜻이 된다. 很不은 완전부정, 不很은 부분부정이라 고 한다.

　他很瘦。 (그는 매우 말랐다)

　很不好。 (매우 좋지 않다)←완전부정

　不很好。 (그다지 좋지 않다)←부분부정

※ 不很과 같은 부분부정을 나타내는 말로는 不太가 있다. 구어(口 語)에서는 不太가 더 많이 사용된다.

飞机	fēijī	비행기
游览车	yóulǎnchē	관광버스
快车	kuàichē	급행열차
特快(车)	tèkuài(chē)	특급열차
汽车	qìchē	자동차
小汽车	xiǎoqìchē	승용차
自行车	zìxíngchē	자전거
摩托车	mótuōchē	오토바이
出租汽车	chūzūqìchē	택시
公共汽车	gōnggòngqìchē	버스
面包车	miànbāochē	마이크로 버스
无轨电车	wúguǐdiànchē	무궤도차
卡车	kǎchē	트럭
自卸(卡)车	zìxiè(kǎ)chē	덤프카
拖车	tuōchē	트레일러
拖拉机	tuōlājī	트렉터
电车	diànchē	전차
水泥搅拌车	shuǐníjiǎobànchē	레미콘
冷藏车	lěngcángchē	냉동차
小轿车	xiǎojiàochē	(세단 모양의) 소형승용차
专用车	zhuānyòngchē	학교 버스, 전용차
救护车	jiùhùchē	구급차
消防车	xiāofángchē	소방차
脚踏车	jiǎotàchē	자전거
的士(香港)	díshì	택시(홍콩)
计程车(台湾)	jìchéngchē	택시(대만)
柴油车	cháiyóuchē	디젤차

보 충 어 휘

Āiyā, jīntiān zěnme chūzūchē zhème bù hǎo jiào.
A：唉呀，今天怎么出租车这么不好叫。

Xiànzài shì xiàbān shíjiān, suǒyǐ méiyou kōng chē.
B：现在是下班时间，所以没有空车。

(tíngchē hòu) Nǐmen shàng nǎr?
C：（停车后）你们上哪儿？

Qù Běijīng jùlèbù, duìbuqǐ, qǐngwèn yíxià dào Běijīng jùlèbù
A：去北京俱乐部，对不起，请问一下到北京俱乐部

yào duōcháng shíjiān.
要多长时间。

Rúguǒ lùshang chē bùjǐ dehuà, yòng èrshí fēnzhōng.
C：如果路上车不挤的话，用 20 分钟。

Zhèli chūzūchē àn shíjiān suàn ma?
B：这里出租车按时间算吗？

Nǐ búshì Zhōngguórén ba, zhèli àn gōnglǐ suàn.
C：你不是中国人吧，这里按公里算。

Zài wǒmen Hánguó àn shíjiān suàn.
A：在我们韩国按时间算。

어휘　　1. 哎呀　āiyā　感 아! 야아! 아이쿠!

2. 出租车　chūzūchē　名 택시

3. 叫　jiào　動 (자동차를)부르다

4. 下班　xiàbān　動 근무시간이 끝나다, 퇴근하다

5. 停车　tíngchē　動 차를 멈추다[세우다], 주차하다

6. 俱乐部　jùlèbù　名 클럽, 구락부

7. 挤　jǐ　動 빽빽히 차다, 꽉 차다, 붐비다

8. 按　àn　前 ～에따라서, ～에 의하여, ～대로

9. 算　suàn　動 (숫자를)계산하다　　10. 公里　gōnglǐ　量 킬로미터

본문해석

A : 야아, 오늘은 왜 택시잡기가 이렇게 어렵습니까?

B : 지금은 퇴근시간이기 때문에, 빈차가 없습니다.

C : (차가 멈춘 후) 당신들 어디에 가십니까?

A : 북경클럽에 갑니다. 실례지만 북경클럽까지는 얼마나 걸립니까?

C : 만일 길에 차가 붐비지 않는다면 20분 걸립니다.

B : 이곳은 택시비가 시간에 따라 계산됩니까?

C : 당신 중국인이 아니지요. 이곳은 킬로미터에 따라 계산됩니다.

A : 우리 한국에서는 시간에 따라 계산됩니다.

KEY POINT

✽ 请问

请은「~합시다, ~하시겠습니까」등 권유나 부탁할 때 앞에 붙이는 말로, 영어의 please에 해당한다. 问이「묻다」이므로 请问은「저, 말씀 좀 묻겠는데요」라는 뜻이 된다. 따라서 상대방에게 뭔가를 묻고자 할 때에는 바로 묻는 것보다는 일단 请问이라고 먼저 말하는 것이 예의이다.

请问, 金先生在不在?

(저, 김 선생님 계십니까?)

16 搭飞机

Qǐngwèn, qù shànghǎi de fēijī shénme shíhou qǐfēi?
A：请问，去上海的飞机什么时候起飞？

Guò yíge xiǎoshí hòu.
B：过 1 个小时后。

Dào shànghǎi yào fēixíng duō cháng shíjiān?
A：到上海要飞行多长时间？

Yíge bàn xiǎoshí ba.
B：1 个半小时吧。

Hòujīshì zài nǎr?
A：候机室在哪儿？

Èrlóu, zhèbiān yǒu zìdòngdiàntī, cóng zhèbiān shàng.
B：2 楼，这边有自动电梯，从这边上。

(guǎngbō li) Lǚkèmen, qù shànghǎi de fēijī jiùyào qǐfēi le, qǐng
C：（广播里）旅客们，去上海的飞机就要起飞了，请

dào sānhào jīkǒu, dēngjī.
到 3 号机口，登机。

어휘

1. 起飞　qǐfēi　動 (비행기가)이륙하다, 날아오르다
2. 飞行　fēixíng　名 動 비행(하다)
3. 候机室　hòujīshì　名 공항대합실
4. 自动电梯　zìdòngdiàntī　名 에스컬레이터
5. 广播　guǎngbō　動 방송하다　名 라디오, 텔레비전 방송
6. 旅客　lǚkè　名 여행자, 여행객
7. 舒服　shūfu　動 (육체나 정신이)편안하다
8. 协助　xiézhù　動 협조하다　名 도움
9. 系　jì　動 매다, 묶다
10. 安全带　ānquándài　名 (비행기나 자동차 따위의)안전벨트
11. 降落　jiàngluò　動 착륙하다
12. 空中小姐　kōngzhōng xiǎojiě　名 스튜어디스

(zì yán zì yǔ de shuō) Zhè fēijī zuò qǐlái zhēn shūfu.
A : （自言自语地说）这飞机坐起来真舒服。

(guǎngbō li) Shànghǎi kuàiyào dàole, zài zhèduàn shíjiān lǚkè zài gè
C : （广播里）上海快要到了，在这段时间旅客在各

fāngmiàn gěi yú xiézhù, zàizhèli, zài yícì xièxie měi yí wèi lǚkè,
方面给于协助，在这里，再一次谢谢每一位旅客，

qǐng jì hǎo ānquándài, fēijī yào jiàngluò le.
请系好安全带，飞机要降落了。

(kōngzhōng xiǎojiě) Qǐng mànman xià.
D : （空中小姐）请慢慢下。

본문해석

A : 실례지만, 상해 가는 비행기는 언제 이륙합니까?

B : 1시간 후입니다.

A : 상해까지 비행하는 데 얼마나 걸립니까?

B : 한 시간 반이면 됩니다.

A : 공항대합실이 어디에 있습니까?

B : 2층에 있습니다. 이쪽에 에스컬레이터가 있는데 이쪽부터 오릅니다.

C : (방송) 여행객 여러분, 상해 가는 비행기가 곧 이륙합니다. 3번 창구에 가서 탑승하십시오.

A : (혼잣말로) 이 비행기는 일어나 앉기가 매우 편하군.

C : (방송) 상해에 곧 도착합니다. 비행 시간 동안 여행객 여러분께 서 여러면에서 도와주셔서 다시 한번 모든 여행객 여러분께 감 사드립니다. 안전띠를 잘 매십시오. 비행기가 곧 착륙합니다.

D : (스튜어디스) 천천히 내리십시오.

16 搭飞机

KEY POINT

✽ 방향동사와 방향보어

방향동사는 동작의 방향성을 표시하는 동사이다. 그것들은 1음절과 2음절의 두 종류가 있다.

1음절		上	下	进	出	回	过	起	开	到	来	去
2음절	+来	上来	下来	进来	出来	回来	过来	起来				
	+去	上去	下去	进去	出去	回去	过去					

방향동사는 다른 동사 혹은 형용사의 보충어가 되어 동작이나 상황의 방향을 보충 설명하는데, 이러한 보충어를 방향보어라 한다. 단순방향보어와 복합방향보어로 나눌 수 있다.

① 단순방향보어 : 동사 뒤에 来나 去가 붙어 사물의 방향을 제시.
金先生拿**来**了东西。(김 선생이 물건을 가지고 왔다)

② 복합방향보어 : 2음절의 보어.
我的朋友跑**出去**了。(내 친구가 뛰어나갔다)

③ 목적어가 있을 경우, 목적어는 보어와 보어 사이에 위치하는 것을 원칙으로 하며, 방향이 확실한 경우에는 来나 去를 생략할 수도 있다.
他走进客厅来了。(그는 응접실로 걸어 들어왔다)

✽ 지시대명사

지시대명사	가까운 것	먼 것
사람 · 사물	这	那
장소	这里, 这儿	那里, 那儿
시간	这会儿	那会儿
성질 · 방식 · 정도	这么, 这样, 这么样	那么, 那样, 那么样

비행기 여행에 관한 어휘

旅行	lǚxíng	여행
证明书	zhèngmíngshū	증명서
护照	hùzhào	여권
签证	qiānzhèng	비자(사증)
入境卡片	rùjìng kǎpiàn	입국 카드
查验	cháyàn	검사
服务台	fúwùtái	카운터
海关	hǎiguān	세관
行李	xínglǐ	하물(荷物)
皮箱	píxiāng	트렁크
申报单	shēnbàodān	세관신고서
报关手续	bàoguān shǒuxù	통관절차
免税	miǎnshuì	면세
预订	yùdìng	예약(하다)
取消	qùxiāo	취소(하다)
起飞	qǐfēi	이륙(하다)
降落	jiàngluò	착륙(하다)
机场	jīchǎng	공항
候机楼	hòujīlóu	에어터미널 빌딩
飞机票	fēijīpiào	항공권
旅游	lǚyóu	관광여행
问讯处	wènxùnchù	안내소
座位号码	zuòwèi hàomǎ	좌석번호
安全带	ānquándài	안전벨트
登机口	dēngjīkǒu	탑승구
飞行员	fēixíngyuán	조종사
女乘务员	nǚchéngwùyuán	스튜어디스(중국)

Dǎrǎo yíxià, Hánguó màoyì bànshìchù zài jǐlóu?
A：打扰一下，韩国贸易办事处在几楼？

Zài shísì céng.
B：在 14 层。

Āi, zěnme bú jiàn diàntī.
A：唉，怎么不见电梯。

Nǐ kàn nàr, búshì yǒu liǎngbù diàntī ma?
B：你看那儿，不是有两部电梯吗？

(fúwùyuán) Nǐ shàng jǐlóu?
C：（服务员）你上几楼？

Wǒ shàng shísì céng.
A：我上 14 层。

(fúwùyuán) Nǐ jǐlóu?
C：（服务员）你几楼？

Liùlóu.
D：6 楼。

(fú wù yuán) Liùlóu dào le, qǐng màn zǒu.
C：（服务员）6 楼到了，请慢走。

 어휘

1. 办事处　bànshìchù　名　사무소
2. 楼　lóu　名 量　층
3. 层　céng　量　층, 겹, 벌
4. 电梯　diàntī　名　엘리베이터
5. 部　bù　量　대(기계 또는 차량에 쓰임)
6. 服务员　fúwùyuán　名　종업원
7. 上　shàng　动　오르다
8. 到　dào　动　도착하다, 도달하다

본문해석

A ： 실례지만, 한국무역사무소가 몇 층에 있습니까?
B ： 14층입니다.
A ： 야아, 왜 엘리베이터가 보이지 않습니까?
B ： 저쪽을 보십시오. 두 개의 엘리베이터가 있지 않습니까?
C ： (안내원) 몇 층에 올라가십니까?
A ： 저는 14층에 갑니다.
C ： (안내원) 당신은 몇 층입니까?
D ： 6층입니다.
C ： (안내원) 6층입니다. 안녕히 가십시오.

KEY POINT

❋ **打扰**

　이 말은 「실례지만……」의 뜻으로, 남에게 사과를 하거나 혹은 감사를 표현할 때 쓰이는 공손한 말투이다.

❋ **一下**

　문장에서 下는 많이 쓰이는 부사로, 동작의 횟수를 나타낼 때 사용된다. 一下는 동사 뒤에 놓여서 아주 짧은 시간의 행동, 동작을 표시한다.
　打了一下。(한번 때렸다)

❋ **几**

　의문대명사 几는 「몇, 얼마」라는 뜻으로, 10미만의 숫자를 묻는 데 사용된다. 几가 대신하는 것은 수사이므로 단독으로 사용할 수 없고, 반드시 几와 그것이 수식하는 명사 사이에는 양사가 있어야 한다. 상용형식은 ‘~几+양사+명사~’이다.

Mǎ xiānsheng, néng jiè gěi wǒ jǐge dàtóuzhēn ma? Wǒde yòng wán le.
A：马先生，能借给我几个大头针吗？我的用完了。

Gěi, zhè xiē xíng ma?
B：给，这些行吗？

Goùle, gòule, zúgòule.
A：够了，够了，足够了。

Háiyào jiè bié de dōngxi ma?
B：还要借别的东西吗？

Méiyoule, děng xiàcì wǒ mǎi le dàtóuzhēn, zài huángěiní.
A：没有了，等下次我买了大头针，再还给你。

Nǐ shuō dào nǎr qùle, nàme yìdiǎn xiǎoshì, búyào fàng zài xīnli.
B：你说到那儿去了，那么一点小事，不要放在心里。

Wǒmen zài yíge bàngōngshì, yǒu búshì yìtiān liǎngtiān le, hébì kèqi.
我们在一个办公室，又不是一天两天了，何必客气。

Zhēnshì tài xièxie le.
A：真是太谢谢了。

Nǐ xiān náqù yòng, rúguǒ búgòu zài lái qǔ.
B：你先拿去用，如果不够再来取。

Zhè xiē zúgòule, wǒ dōu yòng bu liǎo.
A：这些足够了，我都用不了。

어휘　1. 借　jiè　動　빌리다, 빌려주다　　2. 大头针　dàtóuzhēn　名　핀
3. 用　yòng　動　쓰다, 사용하다　　4. 够　gòu　形　충분하다
5. 还　huán　動　돌려주다, 반납하다
6. 放　fàng　動　(주위나 시선을 한곳에) 두다, 집중하다
7. 办公室　bàngōngshì　名　사무실
8. 何必　hébì　구태여 ~할 필요가 있는가, ~할 필요가 없다
9. 客气　kèqi　動　사양하다　　　　10. 取　qǔ　動　가지다, 찾다
11. 用不了　yòng bu liǎo　(많아서) 다 쓸 수 없다, 필요치 않다

본문해석

A : 마 선생, 저에게 핀 몇 개만 빌려줄 수 있습니까? 제것은 모두 사용해 버렸습니다.

B : 여기 있습니다. 이 정도면 됩니까?

A : 됐어요, 됐어요. 충분합니다.

B : 또 다른 빌려야 할 물건이 있습니까?

A : 없습니다. 다음에 제가 핀을 사면 갚아드리겠습니다.

B : 별말씀을 다하시는군요. 그렇게 작은 일인데, 마음속에 두지 마십시오. 우리들은 한 사무실에서 지낸 지 하루이틀도 아닌데, 사양하지 마십시오.

A : 정말로 감사합니다.

B : 가져가셔서 먼저 사용하시고, 만일 충분하지 않으면 다시 가져가십시오.

A : 이 정도면 충분합니다. 저는 전부 쓸 수 없습니다.

KEY POINT

✸ **동작의 완료**

1) 어떤 하나의 동작이 완료되거나 혹은 하나의 일이 이미 실현되었음을 설명하려면 동사의 뒤에 동태조사 了나 결과를 표시하는 보어, 혹은 이 두 가지를 다 붙일 수 있다. 상용형식은 '~동사+결과보어+了~'이다.

2) 동작의 완료는 동작이 처한 하나의 단계이지 시간과는 관계가 없는 것이다. 하나의 동작은 과거·현재·미래에 발생함을 막론하고 모두 완료의 단계가 있다.

Wáng xiānsheng, nǐ gāngcái qù le nǎr?
A：王先生，你刚才去了哪儿？

Wǒ qù dàlù shang zhuànlezhuàn.
B：我去大路上转了转。

Yǒu yìsi ma?
A：有意思吗？

Yě jiù nà yàng.
B：也就那样。

Nǐ xiàwǔ qù dàjiē guàngguang, nàli rén duō, shāngdiàn yě duō, hěn yǒu
A：你下午去大街逛逛，那里人多，商店也多，很有

yìsi.
意思。

Shénme shì dàjiē, dàlù?
B：什么是大街，大路？

Dàjiē zhǐ shāngdiàn duō, rén duō de dìfang, dàlù ne, zhǐ lù kuǎn, jū
A：大街指商店多，人多的地方，大路呢，指路宽，居

mín duō, dàn shāngdiàn bù duō de dìfang.
民多，但商店不多的地方。

Ó, yuánlái shì zhèyàng, dàn wǒ yǐqián yìdiǎn yě fēn bu qīngchu.
B：哦，原来是这样，但我以前一点也分不清楚。

어휘

1. 转　zhuàn　動　돌다, 둘러보다, 들르다
2. 有意思　yǒu yìsi　의미심장하다, 재미있다, (~할)생각이 있다
3. 也就那样　yě jiù nà yàng　그저 그렇다
4. 逛　guàng　動　한가롭게 거닐다, 산보하다, 놀러 다니다
5. 宽　kuǎn　形　(폭, 범위, 면적 따위가)넓다
6. 原来　yuánlái　副　원래, 본래
7. 分不清楚　fēn bu qīngchu　動　확실히 분간하지 못하다
8. 陪　péi　動　모시다, 동반하다, 수행하다, 곁에서 도와주다, 시중들다

Míngtiān wǒ xiūxi, wǒ péi nǐ qù guàngguang shì zhōngxīn.
A : 明天我休息，我陪你去逛逛市中心。

Hǎo, wǒ yě hěn xiǎng qù.
B : 好，我也很想去。

본문해석

A : 왕 선생, 당신은 방금 어디 가셨습니까?
B : 나는 큰길을 돌아다녔습니다.
A : 재미있었습니까?
B : 그저 그랬습니다.
A : 당신이 오후에 큰거리를 돌아다니면 그곳은 사람이 많고 상점도 많아서 아주 재미있습니다.
B : 무엇이 大街고 大路입니까?
A : 大街는 상점이 많고 사람도 많은 곳이고, 大路는 길이 넓고 주민이 많이 사는데, 상점은 많지 않습니다.
B : 야아, 본래 이렇군요. 그러나 저는 이전에 조금도 구별하지 못했습니다.
A : 내일 저는 쉬는데 당신을 모시고 시내를 돌아보겠습니다.
B : 좋습니다. 저도 매우 가보고 싶습니다.

KEY POINT

✽ 多

多가 형용사 앞에 있으면 부사로서, 정도·수량을 묻거나 강렬한 감탄어감을 표시하여 의문문 혹은 감탄문을 구성한다.

那条河有**多**深?

(저 강은 얼마나 깊습니까?)

Āi, Lǐ xiānsheng nǐ hǎo!
A：哎，李先生你好！

Ó, Zhāng xiānsheng zài zhèli pèngjiàn nǐ hěn gāoxìng.
B：哦，张先生在这里碰见你很高兴。

Wǒ yě yíyàng.
A：我也一样。

Wǒ qián yíduàn shíjiān tīngshuo nǐ yào bàn yíge shénme, zěnmeyàng le.
B：我前一段时间听说你要办一个什么，怎么样了。

Tīng shuí shuō de.
A：听谁说的。

Wǒmen yòu búshì wàirén, yǒu shénme bǎomì de.
B：我们又不是外人，有什么保密的。

Ňg, wǒ zuìjìn gǎo le yíge shāngdiàn.
A：嗯，我最近搞了一个商店。

어휘   1. 唉　āi　感　사람을 부를 때의 소리

2. 碰见　pèngjiàn　动　우연히 만나다, 뜻밖에 만나다

3. 高兴　gāoxìng　动　좋아하다, ～하기를 좋아하다　形　기쁘다

4. 一样　yíyàng　形　같다, 동일하다

5. 办　bàn　动　(일 따위를)하다, 처리하다, 경영하다, 준비하다,

6. 外人　wàirén　名　남, 다른 사람, 외부 사람, 관계없는 사람

7. 保密　bǎomì　动　비밀을 지키다

8. 嗯　ňg　感　응!(대답, 승낙을 나타냄)

9. 搞　gǎo　动　하다, ～을 행하다　　10. 商店　shāngdiàn　名　상점

11. 开张　kāizhāng　动　개점하다, 개업하다

12. 筹备工作　chóubèi gōngzuò　名　준비작업[활동]

13. 忘　wàng　动　잊다, 망각하다

14. 请　qǐng　动　요청하다, 초청하다, (식사나 파티 따위에)초대하다

Kāizhāng le méiyǒu?
B : 开张了没有？

Xiànzài zuò chóubèi gōngzuò, kěnéng guò jǐtiān jiù néng kāizhāng.
A : 现在做筹备工作，可能过几天就能开张。

Dào shíhou búyào wàngle qǐng wǒ.
B : 到时候不要忘了请我。

본문해석

A : 여보세요, 이 선생 안녕하세요.

B : 아, 장 선생 당신을 만나니 정말 반갑습니다.

A : 저도 그렇습니다.

B : 저는 얼마전에 당신이 무엇을 하시려고 한다고 들었는데요, 어떻게 되었습니까?

A : 누구에게 들으셨습니까?

B : 우리들은 남도 아닌데 무슨 지킬 비밀이 있습니까?

A : 그래요, 저는 최근 상점 한 개를 열었습니다.

B : 개업했습니까?

A : 지금 준비작업을 하고 있는데 며칠 지나면 곧 개업하게 됩니다.

B : 그때 저를 잊지 말고 초청해 주십시오.

KEY POINT

❋ 的

的는 구조조사일 때 관형어 뒤와 명사의 앞 사이에 쓰여 관형어가 수식하는 사람 또는 사물이 「누구의 것」, 「어느 곳의 것」, 혹은 「어떠한 것」에 속하는지를 설명한다. 상용형식은 '~명사(또는 대명사, 형용사)＋的＋명사~' 이다.

这是我**的**自行车。 (이것은 나의 자전거이다)

Qǐng gěi yìhé zhōnghuá pái xiāngyān.

A：请给一盒中华牌香烟。

Duìbùqǐ yǐjīng màiwán le, yúnyān xíngbuxíng?

B：对不起已经卖完了，云烟行不行？

Wǒ ài chōu yìng de, búài chōu ruǎn de.

A：我爱抽硬的，不爱抽软的。

Wǒ juéde ruǎn yìdiǎn de hǎo, nígǔdīng yě shǎo, duì shēntǐ wēihài yě

B：我觉得软一点的好，尼古丁也少，对身体危害也

bú dà.

不大。

(xiào zhe huí dá) Chōu yān de rén nǎguǎn zhège.

A：（笑着回答）抽烟的人哪管这个。

Hā hā, hā hā.

B：哈哈，哈哈。

어휘

1. 盒　hé　量　갑(작은 상자를 셀 때)
2. 香烟　xiāngyān　名　담배
3. 对不起　duìbuqǐ　미안합니다
4. 卖完　màiwán　动　매진되다
5. 抽　chōu　动　(담배)피우다
6. 硬　yìng　形　단단하다, 굳다, 경화하다, 독하다
7. 软　ruǎn　形　부드럽다, 보드랍다
8. 尼古丁　nígǔdīng　名　니코틴산
9. 危害　wēihài　名　해, 위해, 위독　动　해를 끼치다, 해치다
10. 管　guǎn　动　간섭하다, 참여하다, 관여하다
11. 哈哈　hāhā　하하(웃는 소리)
12. 气体打火机　qìtǐ dǎhuǒjī　名　가스라이터
13. 一共　yígòng　名副　합계, 전부, 모두

Nàjiù lái yìhé yúnyān, zài gěi yíge qìtǐ dǎhuǒjī.
A : 那就来一盒云烟，再给一个气体打火机。

Gěi.
B : 给。

Duōshaoqián?
A : 多少钱？

Yān ne, sānshíwǔ kuài, dǎ huǒ jī sì kuài, yígòng sānshíjiǔ kuài.
B : 烟呢，35块，打火机4块，一共39块。

본문해석

A ： 중화표 담배 한 갑 주십시오.

B ： 미안하지만 이미 모두 팔렸는데 운표담배는 됩니까, 안됩니까?

A ： 저는 독한 것을 좋아하지 순한 것은 좋아하지 않습니다.

B ： 제 생각에 약간 순한 것이 좋습니다. 니코틴산도 적고, 신체에 대한 해도 크지 않습니다.

A ： (웃으면서 대답한다) 담배 피우는 사람이 어디 이것을 상관합니까?

B ： 하하, 하하.

A ： 그러면 운표담배 한 갑 주시고, 또 가스라이터 한 개 주십시오.

B ： 여기 있습니다.

A ： 얼마입니까?

B ： 담배 35원, 라이터 4원, 모두 39원입니다.

KEY POINT

✳ 돈의 계산

중국 화폐의 단위는 元, 角, 分으로 나누어져 있다. 1元은 10角, 1角은 10分이다. 元, 角, 分는 구어에서 块, 毛, 分로 상용하며 마지막 단위는 때때로 생략하기도 한다.

1) 1.35元 = 一元三角五 = 一块三毛五(分)
2) 34.60元 = 三十四元六角 = 三十四块六(毛)

만약 단지 하나의 단위만 있으면 구어에서는 보통 뒤에 钱자를 붙여서 말한다.

1) 25元 = 二十五元 = 二十五块(钱)
2) 4.00元 = 四元 = 四块(钱)
3) 0.70元 = 七角 = 七毛(钱)
4) 0.06元 = 六分 = 六分(钱)

2毛는 중간에 쓰일 때에 二毛라고 말하지만, 처음에 쓰일 때는 两毛라고 말한다.

1) 1.24元 = 一块二毛四(分)
2) 0.24元 = 两毛四(分)

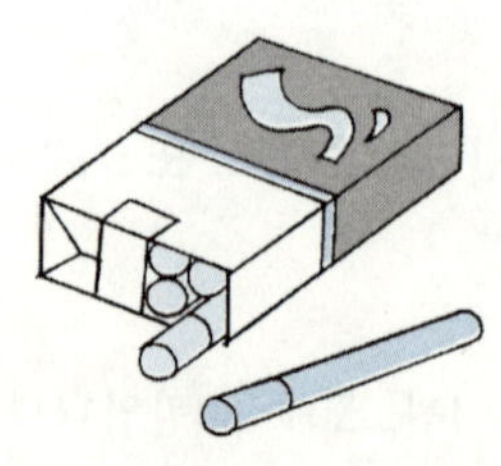

수를 나타내는 방법

중국어에 있어서 수(數)는 크게 기수·서수·갯수 등 3가지로 구분되고, 10진법에 의해서 수효를 계산한다.

수를 나타내는 방법은 1~99까지는 우리말과 같고, 100이상이 되면 그 표현 방법이 약간 다르다.

1	一	yī
2	二	èr
3	三	sān
4	四	sì
5	五	wǔ
6	六	liù
7	七	qī
8	八	bā
9	九	jiǔ
10	十	shí
11	十一	shíyī
20	二十	èrshí
21	二十一	èrshíyī
22	二十二	èrshíèr
30	三十	sānshí
40	四十	sìshí
100	一百	yìbǎi
1000	一千	yìqiān
10000	一万	yíwàn
천만	一千万	yìqiānwàn
일억	一亿	yíyì
0	零	líng

Shòuhuòyuán tóngzhì, gěi kàn yíxià zhè zhī gāngbǐ.
A：售货员同志，给看一下这支钢笔。

Zhèshì dùjīn gāngbǐ, zhìliàng hěnhǎo, yě chūkǒu.
B：这是镀金钢笔，质量很好，也出口。

Yǒu mòshuǐ ma?
A：有墨水吗？

Nǐ yào lán mòshuǐ, háishì hēi mòshuǐ?
B：你要蓝墨水，还是黑墨水？

Gěi hēi de ba, yígòng duōshaoqián?
A：给黑的吧，一共多少钱？

Yībǎi jiǔshí èr kuài qī máo.
B：192块7毛。

Nà yuánzhūbǐ duōshaoqián?
A：那圆珠笔多少钱？

Zhè yuánzǐbǐ piányi, wǔ kuài.
B：这原子笔便宜，5块。

Néng xiě duō cháng shíjiān?
A：能写多长时间？

Néng yòng hǎojiǔ.
B：能用好久。

어휘

1. 售货员　shòuhuòyuán　名 점원, 판매원
2. 支　zhī　量 자루(가늘고 긴 물건을 세는 단위)
3. 钢笔　gāngbǐ　名 만년필　　4. 镀金　dùjīn　动 도금하다
5. 质量　zhìliàng　名 질, 품질　6. 出口　chūkǒu　动 수출하다
7. 墨水　mòshuǐ　名 잉크　　8. 蓝墨水　lán mòshuǐ　名 푸른색 잉크
9. 圆珠笔　yuánzhūbǐ　名 볼펜　　10. 便宜　piányi　形 (값이)싸다
11. 原子笔　yuánzǐbǐ　名 볼펜　　12. 好久　hǎojiǔ　副 오랫동안

본문해석

A : 여보세요, 저 만년필 좀 보여주십시오.

B : 이것은 도금된 만년필인데, 품질이 매우 좋고 수출도 한답니다.

A : 잉크 있습니까?

B : 당신은 파란색 잉크를 원하십니까, 검은색 잉크를 원하십니까?

A : 검은색을 주십시오. 모두 얼마입니까?

B : 192원 70전입니다.

A : 그 볼펜은 얼마입니까?

B : 이 볼펜은 싼데, 5원입니다.

A : 얼마 동안 사용할 수 있습니까?

B : 오래 사용할 수 있습니다.

KEY POINT

✽ 给

전치사 给는 명사·대명사와 전치사구를 구성, 동사의 부사어가 되어 동작의 대상을 표시하며 우리말의 「~에게」에 해당한다.

我**给**你打电话。(나는 너에게 전화를 걸겠다)

✽ 好

好는 형용사 多, 久 혹은 수사 几, 些 등의 앞에서는 부사로 쓰여 수량이 많거나 시간이 긺을 강조한다.

好久没见。(오랜만입니다)

Wǒyào mǎi liǎngzhāng xuéshēngpiào hé yìzhāng chéngrénpiào.

A : 我要买两张学生票和一张成人票。

Zhèshì piào hé zhǎo nǐ de qián.

B : 这是票和找你的钱。

Shì jǐ pái jǐ hào?

A : 是几排几号？

Bā pái yí hào, zhōngjiān de.

B : 八排 1 号，中间的。

Jīntiān diànyǐng yǒu jiāyǎn ma?

A : 今天电影有加演吗？

Yǒu xīnwén jìlùpiàn.

B : 有新闻纪录片。

어휘

1. 票　piào　名 표, 증서
2. 成人　chéngrén　名 성인
3. 找　zhǎo　動 거슬러주다
4. 排　pái　名 (배열한)줄, 열
5. 号　hào　名 (숫자의 뒤에 쓰여)배열의 순서를 나타냄
6. 中间　zhōngjiān　名 중간, 중앙, 중심
7. 电影　diànyǐng　名 영화
8. 加演　jiāyǎn　名 영화가 시작하기 전에 하는 여러 선전 프로그램
9. 新闻纪录片　xīnwén jìlùpiàn　뉴스
10. 一般　yìbān　形 보통이다, 일반이다
11. 什么　shénme　代 무엇, 무슨, 어떤(의문을 나타냄)
12. 合演　héyǎn　名動 합동공연(하다), 두 편을 상영하다
13. 片子　piānzi　名 영화
14. 另　lìng　形 다른, 그밖의
15. 开演　kāiyǎn　動 (연극, 영화 따위를)시작하다

Bù zhī yǒu méi yǒu yìsi.
A：不知有没有意思。

Yìbān ba.
B：一般吧。

Xià chǎng shì shénme diànyǐng?
A：下场是什么电影？

Xià chǎng shì héyǎn, yíbù shì zhōngguó de piānzi, lìng yíbù shì yīngguó
B：下场是合演，一部是中国的片子，另一部是英国

piānzi. Nǐ kuài jìnqù ba, diànyǐng jiùyào kāiyǎnle.
片子。你快进去吧，电影就要开演了。

본문해석

A : 학생표 2장과 성인표 1장을 사고 싶은데요.

B : 이것은 표와 거스름돈입니다.

A : 몇 열 몇 행입니까?

B : 8열 1행인데, 중간입니다.

A : 오늘 영화는 선전프로가 있습니까?

B : 기록영화 뉴스가 있습니다.

A : 재미있는지 없는지 모르겠습니다.

B : 보통입니다.

A : 다음은 무슨 영화입니까?

B : 다음은 공동상연인데, 한편은 중국영화이고, 또 다른 한편은 영
　　국영화입니다. 당신 빨리 들어가십시오. 영화가 곧 시작됩니다.

KEY POINT

❋ 和

접속사 和는 「~와」의 뜻으로, 종류가 동일하거나 비슷한 말을 연결하여 병렬관계를 나타낼 때 쓰인다. 연결되는 말은 하나의 구조를 이루어 공동으로 문장의 성분을 이룬다. 세 가지 이상을 연결할 때 和는 마지막 것의 앞에 놓고 앞의 각 항목은 ' , '로 연결한다.

工人和农民是国家的主人。(노동자와 농민은 국가의 주인이다)

爸爸,妈妈和弟弟都去了。(아빠, 엄마와 동생 모두 갔다)

❋ 要

要가 단독으로 술어가 되면 동사로 쓰여, 어떠한 것을 얻기 희망함을 표시한다. 부정형식은 不要이다.

我要大的。(나는 큰 것을 원한다)

❋ 수사, 양사(數詞, 量詞)

數詞는 수를 표시하는 단어이다. 量詞는 사물 혹은 동작의 단위를 나타내는 단어로서 예를 들면 个, 位, 双, 张, 件, 本, 部, 斤 등이다. 중국어에서 양사는 다른 언어에서보다 발달되어 있다. 수사와 양사는 보통 함께 붙어서 사용되는데, 이러한 조합을 數量詞라고 부르며, 部, 一个, 两张, 三双 등이 있다.

또 중국어에서 수량사는 일반적으로 명사를 수식하여 문장 중에서는 관형어가 된다. 양사와 셈의 대상이 되는 명사의 조합은 그들의 습관에 의한다.

三张纸(종이 석 장)

一双鞋(신발 한 켤레)

两部汽车(자동차 두 대)

张	zhāng	장(종이, 책상 등)
本	běn	권, 부(서적류)
幅	fú	폭(포목·그림 따위)
位	wèi	분, 어른(사람)
件	jiàn	건, 점, 개(일·사건·옷 등)
枝	zhī	자루, 개비, 촉(담배 등 가늘고 긴 물건)
把	bǎ	개, 자루(칼·우산 등 자루가 있는 물건)
朵	duǒ	송이(꽃·구름 따위)
杯	bēi	잔(잔으로 세는 물건)
封	fēng	통, 장(편지 등의 봉한 것)
首	shǒu	수(시·노래 따위)
所	suǒ	채, 동(집·학교 따위의 건축물)
头	tóu	두, 마리(소·말·돼지 등)
棵	kē	그루, 포기(식물 따위)
条	tiáo	줄기, 가닥(길·물고기·강 등)
颗	kē	알(콩·별 등)
辆	liàng	대(차량 따위)
顶	dǐng	개, 채(모자 등)
架	jià	대(피아노·비행기 등)
匹	pī	필, 마리(포목 또는 말, 노새 따위)
块	kuài	조각, 덩어리(돌·돈·비누 등)
双	shuāng	쌍, 켤레(신발·양말 등)
间	jiān	칸(방 등 칸막이로 되어 있는 사물)
份	fèn	부, 분(신문 등 전체를 몇 개로 나눔)
套	tào	세트, 벌, 조(소파·양복·가구 등)
台	tái	대(전화·녹음기 등 기계나 설비 따위)
部	bù	부, 대(서적이나 영화, 기계 따위)

Nǚ tóngzhì, qǐng gěi kàn yíxià nà jiàn huáxuěyī.
A：女同志，请给看一下那件滑雪衣。

Gěi, chuān shàng shìyishì.
B：给，穿上试一试。

Chángduǎn féishòu zhènghǎo, jiùshì yánsè tài xiānyàn le, wǒài chuān sù yì
A：长短肥瘦正好，就是颜色太鲜艳了，我爱穿素一

diǎn de.
点的。

Nǐ zài kànkan zhèjiàn zěnmeyàng?
B：你再看看这件怎么样？

Hǎo, jiù mǎi zhè jiàn ba.
A：好，就买这件吧。

Gěi bāo shàng ma?
B：给包上吗？

Děngyíxià, zài mǎi yìtiáo kùzi.
A：等一下，再买一条裤子。

어휘

1. 滑雪衣　huáxuěyī　名　파카
2. 穿　chuān　動　(옷을)입다, (신발·양말 따위를)신다
3. 试　shì　動　시험하다　　　4. 长短　chángduǎn　名　길이, 치수
5. 肥瘦　féishòu　名　(옷의)품
6. 正好　zhènghǎo　形　(시간·수량·정도 따위가) 꼭 알맞다
7. 颜色　yánsè　名　색채, 색
8. 鲜艳　xiānyàn　形　산뜻하고 아름답다
9. 素　sù　形　소박하다, 수수하다　　　10. 包　bāo　動　(물건을)싸다
11. 裤子　kùzi　名　바지　　　12. 牛仔裤　niúzǎikù　名　청바지
13. 裤腰　kùyāo　名　바지의 허리　　　14. 肚子　dùzi　名　배
15. 说不上　shuō bu shàng　분명히 말할 수 없다, 단언할 수 없다
16. 量　liáng　動　(길이·크기·무게·분량 따위를)재다, 달다, 되다

Nǐ yào shénmeyàng de kùzi.
B : 你要什么样的裤子。

Wǒxiǎng mǎi yìtiáo niúzǎikù.
A : 我想买一条牛仔裤。

Wǒ gěi nǐ tiāo yíjiàn, duìbuqǐ, nǐ de kùyāo duōshao?
B : 我给你挑一件，对不起，你的裤腰多少？

Yǐqián chuān sānshí de, xiànzài dǔzi qǐlái le, wǒ shuō bu shàng.
A : 以前穿30的，现在肚子起来了，我说不上。

Nà bú yào jǐn, wǒ gěi nǐ liángyiliáng.
B : 那不要紧，我给你量一量。

본문해석

A : 여보세요, 그 파카 좀 보여주십시오.

B : 여기 있습니다. 입어보십시오.

A : 길이, 품이 꼭 맞고 색깔도 매우 산뜻하고 아름다운데 저는 약
간 소박한 옷을 즐겨 입습니다.

B : 이 옷은 보시기에 어떻습니까?

A : 좋습니다. 이것을 사겠습니다.

B : 포장해 드릴까요?

A : 잠깐만요. 바지도 사겠습니다.

B : 당신은 어떤 바지를 원하십니까?

A : 저는 청바지를 사고 싶습니다.

B : 제가 당신께 골라드리겠습니다. 실례지만, 당신의 바지허리 둘
레는 얼마입니까?

A : 이전에는 30을 입었는데, 지금은 배가 나와서 저도 잘 알 수 없
습니다.

B : 괜찮습니다. 제가 재드리겠습니다.

KEY POINT

✻ 想

「생각하다」는 뜻의 동사 想이 조동사로 쓰일 때에는 「～하고 싶다」, 「～할 작정이다」의 뜻을 나타낸다. 부정형은 不想이다.

我**想**学跆拳道。

(나는 태권도를 배우고 싶다)

我**想**去中国。

(나는 중국에 갈 작정이다)

我**不想**去旅行。

(나는 여행을 가고 싶지 않다)

✻ 不要紧(＝没什么, 没事儿, 没关系)

어떠한 방해나 문제가 없음을 나타내는 말로, 구어체에서 흔히 쓰인다. 뜻은 「괜찮다, 문제없다」이다.

这病**不要紧**, 吃两服药就会好的。

(이 병은 문제없습니다. 약 두어제 먹으면 곧 나을 것입니다)

颜色	yánsè	색깔
红, 红色	hóng, hóngsè	빨강
粉红, 桃色	fěnhóng, táosè	핑크
鲜红, 深红	xiānhóng, shēnhóng	심홍색
橙色	chéngsè	주황색
黄, 黄色	huáng, huángsè	노랑
绿, 绿色	lǜ, lǜsè	녹색
天蓝色, 浅蓝	tiānlánsè, qiǎnlán	블루
深蓝	shēnlán	감색
紫色	zǐsè	보라색
茶色, 棕色	chásè, zōngsè	갈색
咖啡色	kāfēisè	커피색
黑(色)	hēi(sè)	검은색
白(色)	bái(sè)	흰색
灰(色)	huī(sè)	회색
银色	yínsè	은색
蓝色	lánsè	남색
淡紫色	dànzǐsè	라일락색
原色	yuánsè	원색
淡色	dànsè	엷은 색
深色	shēnsè	짙은 색
色彩	sècǎi	색채
色度	sèdù	색도
色品	sèpǐn	채도(彩度)

Nǐ chē kāi de zhēnhǎo.
A : 你车开得真好。

Nǐ guòjiǎng le.
B : 你过奖了。

Nǐ kāi le jǐnián chē le?
A : 你开了几年车了？

Yǒu shí duō niánle.
B : 有十多年了。

Kāichē shí yīnggāi zhùyì xiē shénme?
A : 开车时应该注意些什么？

Dāngnǐ zhuāshang fāngxiàngpán shí, yīnggāi shìyishì shāchē língbulíng.
B : 当你抓上方向盘时，应该试一试刹车灵不灵。

Zài kànyikàn qìyóu gòubugòu, zhèshì jīběn.
再看一看汽油够不够，这是基本。

Nàme xíngshǐ de shíhou, zhùyì xiē shénme?
A : 那么行驶的时候，注意些什么？

Děi cháng kàn yíbiǎobǎn, háiyào zhùyì hòushìjìng, tèbié yào zhùyì chāo
B : 得常看仪表板，还要注意后视镜，特别要注意超

어휘
1. **过奖** guòjiǎng 動 지나치게 칭찬하다, 과찬이십니다.
2. **方向盘** fāngxiàngpán 名 (자동차, 선박 따위의)핸들
3. **刹车** shāchē 名 브레이크, 제동기
4. **灵** líng 形 효력이 있다   5. **汽油** qìyóu 名 휘발유, 가솔린
6. **基本** jīběn 名 기본, 근본
7. **行驶** xíngshǐ 動 (차·배 따위가)다니다, 통행하다
8. **得** děi 助動 ~해야 하겠다
9. **仪表板** yíbiǎobǎn 名 (자동차·비행기 운전대의)계기판, 계기반
10. **后视镜** hòushìjìng 名 (자동차의)백미러
11. **超车** chāochē 動 (차를)추월하다

chē de chē.
车的车。

Nǐ jiǎng de jùju shì hǎo huà.
A : 你讲的句句是好话。

본문해석

A : 당신은 운전을 정말 잘하시는군요.

B : 과찬이십니다.

A : 운전을 몇 년이나 하셨습니까?

B : 십여 년 되었습니다.

A : 운전할 때 무엇을 주의해야 합니까?

B : 당신이 핸들을 잡았을 때는 브레이크가 잘 듣는지 안 듣는지 시험해 보아야 합니다. 다시 휘발유가 충분한가를 보아야 하는데, 이것이 기본입니다.

A : 그러면 운행중에는 무엇을 주의해야 합니까?

B : 항상 계기판을 보아야 하고, 또한 백미러를 주의해야 하며 특별히 추월하는 차를 주의해야 합니다.

A : 당신 말씀은 모두 좋은 말씀입니다.

KEY POINT

✽ 一定

一定이 동사 혹은 형용사의 앞에 오면 부사로, 뜻은 「틀림없이, 반드시」이다. 제1인칭에 쓰일 경우 굳은 의지를 나타내며, 제2인칭, 제3인칭에 쓰일 경우 요구가 절실하거나 혹은 어떤 일에 대한 추측에 매우 자신이 있음을 표시한다. 一定과 동사 혹은 형용사의 사이에는 자주 조동사 要, 能, 会 등이 온다.

他们一定来。(그들은 반드시 온다)

26 买玩具

Bàba, míngtiān gěi wǒ mǎi jǐge wánjù ba.
A：爸爸，明天给我买几个玩具吧。

Nǐ wán bu liǎo jǐtiān jiùhuàile, hái mǎi?
B：你玩不了几天就坏了，还买？

Nǐ kàn xiàngzili de háizī, tāmen dōu yǒu yáokòng qìchē, xiǎo fēijī,
A：你看巷子里的孩子，他们都有摇控汽车，小飞机，

xiǎo shǒuqiāng, kě wǒ ne?
小手枪，可我呢？

Hǎole, hǎole, míngtiān wǒ dài nǐ qù wánjùdiàn, gěi nǐ mǎi.
B：好了，好了，明天我带你去玩具店，给你买。

Zhèli wánjù zhēnduō.
A：这里玩具真多。

Nǐ mǎi shénme?
C：你买什么？

Wǒ xiǎng yào yíge qìqiú.
A：我想要一个气球。

Hái yào shénme?
C：还要什么？

Nà ge yángwáwa.
A：那个洋娃娃。

어휘

1. **玩具** wánjù 图 장난감, 완구　2. **坏** huài 動 고장나다
3. **巷子** xiàngzi 图 골목　4. **孩子** háizi 图 아동, 아이
5. **摇控** yáokòng 图 리모콘　6. **汽车** qìchē 图 자동차
7. **小飞机** xiǎo fēijī 图 소형비행기
8. **小手枪** xiǎo shǒuqiāng 图 권총
9. **玩具店** wánjùdiàn 图 완구점
10. **气球** qìqiú 图 (고무)풍선　11. **洋娃娃** yángwáwa 图 인형

Zài bú yào le ma?
C : 再不要了吗？

Zhè xiē gòule.
A : 这些够了。

본문해석

A : 아빠, 내일 저에게 장난감 몇 개 사주세오.

B : 너는 며칠 가지고 놀지도 못하고 고장나는데, 또 사느냐?

A : 골목의 아이들은 모두 리모콘 차와 비행기 권총을 가지고 있는
데, 그러나 저는?

B : 좋다, 좋다. 내일 내가 완구점에 데리고 가서 사주겠다.

A : 여기에는 장난감이 정말로 많군.

C : 당신 무엇을 사시겠습니까?

A : 저는 풍선 한 개를 사려고 합니다.

C : 또 무엇이 필요합니까?

A : 저 인형.

C : 더 필요없습니까?

A : 이것이면 충분합니다.

KEY POINT

❋ 有

　동사 有는 소유 혹은 존재를 나타내고 문장 중에서 술어가 되며 자
주 목적어를 갖는다. 有와 목적어의 중간에는 종종 수량사가 있다.
有가 존재를 표시할 때 문장의 주어는 보통 시간 혹은 장소를 표시하
는 명사 혹은 방위구조이다. 상용형식은 '~有＋명사~'이다. 有는 不
로 부정하지 않고 没로 부정하는데, 没有는 没로 줄여 쓰기도 한다.
　我有一本中文书。(나는 중국어 책 한 권을 가지고 있다)

Zhè xiē yígòng shì duōshao?

A : 这些一共是多少？

Děngyiděng, wǒ gěi nǐ suàn.

B : 等一等，我给你算。

Zěnme dào xiànzài yě suàn bu qīngchu?

A : 怎么到现在也算不清楚？

Nǐ kàn yǒu zhème duō shùzì, yíxiàzi zěnme suàn qīngchu.

B : 你看有这么多数字，一下子怎么算清楚。

Búyàojǐn, wǒ qù zhǎo yíge jìsuànqì, mǎshàng huì suàn qīngchu de.

A : 不要紧，我去找一个计算器，马上会算清楚的。

Nǐ kàn yíxià nàge chōuti li yǒuméiyou, wǒ yǐqián bǎ jìsuànqì fàng

B : 你看一下那个抽屉里有没有，我以前把计算器放

zài nàr le.

在那儿了。

Ō, shì zài lǐmian.

A : 噢，是在里面。

Zhèshì wǒ qián xiē rìzi mǎi de, háiméi yòng guo ne.

B : 这是我前些日子买的，还没用过呢。

어휘

1. **算不清楚** suàn bu qīngchu 계산이 정확하지 않다, (너무 많거나 복잡해서)똑똑히 셀 수 없다.

2. **数字** shùzì 图 숫자

3. **一下子** yíxiàzi 量 한번, 1회   图 돌연, 단번, 일시

4. **计算器** jìsuànqì 图 계산기   5. **抽屉** chōuti 图 서랍

6. **不一样** bùyíyàng 形 같지 않다, 다르다

7. **加,减,乘,除** jiā, jiǎn, chéng, chú 덧셈, 뺄셈, 곱셈, 나눗셈

Zhège zěnme hé bié de bùyíyàng?
A : 这个怎么和别的不一样？

Zěnme bùyíyàng, jiā, jiǎn, chéng, chú, dōuyǒu.
B : 怎么不一样，加，减，乘，除都有。

본문해석

A : 이것들은 모두 얼마입니까?

B : 잠깐만 기다리십시오. 제가 계산해 드리겠습니다.

A : 왜 지금까지도 정확하게 계산하지 못했습니까?

B : 보십시오. 이렇게 많은 숫자가 있는데 어떻게 단번에 정확히 계산하겠습니까?

A : 괜찮습니다. 제가 계산기를 찾아서 곧바로 정확하게 계산하겠습니다.

B : 그 서랍 안에 있는지 없는지 한번 보십시오. 저는 이전에 계산기를 그곳에 두었습니다.

A : 오, 안에 있습니다.

B : 이것은 제가 며칠 전에 산 것인데, 아직 사용해보지 않았습니다.

A : 이것은 다른 계산기와 어떻게 다릅니까?

B : 어떻게 다르냐고요. 덧셈, 뺄셈, 곱셈, 나눗셈 모두 있습니다.

KEY POINT

✽ 算

　동사 算은「계산한다」는 의미 이외에 作「~로 삼다」, 可以 办「~라고 간주할 수 있다」의 뜻을 갖는다.

　我不会算。(나는 계산할 줄 모른다)

　不算太贵。(매우 비싸다고 할 수 없다)

Nǐ de xié chuānle duō cháng shíjiān le?
A：你的鞋穿了多长时间了？

(xiào zhe shuō) Yǒu yígeyuè le ba.
B：（笑着说）有一个月了吧。

Wèishénme bù bǎ xié cāyicā?
A：为什么不把鞋擦一擦？

Wǒ nǎli yǒu shíjiān?
B：我哪里有时间？

Nà jiù mǎi yìhé xiéyóu, zài jiā cāca yě xíng ma!
A：那就买一盒鞋油，在家擦擦也行嘛！

Wǒ gāncuì jīntiān qù cāxié de dìfang cā. Xiànzài cāxié de dìfang, xié
B：我干脆今天去擦鞋的地方擦。现在擦鞋的地方，鞋

cā de hěnhǎo.
擦得很好。

Hǎo zài shénme dìfang?
A：好在什么地方？

Cā de yòuguāng yòuliàng.
B：擦得又光又亮。

Wǒ yǐqián shì guo, dàn zěnme yě cā bú liàng.
A：我以前试过，但怎么也擦不亮。

Dāngrán, yīnwèi nǐ bú shì hángjiā.
B：当然，因为你不是行家。

어휘

1. 鞋　xié　名　신발　　　2. 擦　cā　動　닦다, 문지르다
3. 鞋油　xiéyóu　名　구두약　　4. 干脆　gāncuì　形　차라리, 명쾌하다
5. 光　guāng　形　광택이 있다, 번들번들하다, 매끄럽다
6. 亮　liàng　動　빛을 내다, 발하다, 빛나다
7. 行家　hángjiā　名　전문가, 숙련가　動　정통하다, 귀신같다

본문해석

A : 당신은 신발을 얼마나 오래 신으셨습니까?

B : (웃으면서 말한다) 한 달 되었습니다.

A : 왜 신발을 닦지 않으십니까?

B : 제가 어디 시간이 있습니까?

A : 그러면 구두약을 사서 집에서 닦아도 되잖습니까!

B : 저는 차라리 오늘 신발 닦는 곳에 가서 닦겠습니다. 지금은 신
    발 닦는 곳에서 신발을 아주 잘 닦습니다.

A : 어떤 것을 잘해 줍니까?

B : 광택이 나고 반짝반짝하게 닦습니다.

A : 저는 전에 시험삼아 해보았는데 조금도 반짝반짝하지 않습니다.

B : 당연하지요. 당신은 전문가가 아니기 때문입니다.

KEY POINT

✽ 把

　어떤 동작의 처치 의미를 강조하려면 전치사 把를 사용하여 목적어
를 동사 앞으로 옮겨놓는다.

　弟弟打破了 蝶子。

　弟弟把 蝶子 打破了。(동생은 유리컵을 깨트렸다)

　이러한 문장은 행동의 처치성을 강조하는 것이 특징이며, 일반 동
사 술어문처럼 행동을 일으키는 주어가 목적 사물에 대해 어떤 행동
을 가하고 그치는 데 비해, 이것은 더 나아가 행동을 통하여 어떤 결
과가 나왔느냐까지 요구하므로, 이런 문장 구조에서는 동사 뒤에 처치
결과를 의미하는 보어나 了가 따라야 한다.

Lái kàn mótuōchē de ba?
A：来看摩托车的吧？

Zhè qīngqí duōshaoqián?
B：这轻骑多少钱？

Yīqiān jiǔbǎi kuài.
A：1900 块。

Zuìgāo shísù duōshao?
B：最高时速多少？

Kěyǐ fàng dào jiǔshí gōnglǐ.
A：可以放到 90 公里。

Tóngzhì, wǒ jiā zhù zài shānqū, lù bù hǎo zǒu, nǐ kàn wǒ mǎi shénme hǎo?
B：同志，我家住在山区，路不好走，你看我买什么好？

Jù wǒ kàn, nǐ děi mǎi fādòngjī hǎo, érqiě hěn jiēshi de chēzi.
A：据我看，你得买发动机好，而且很结实的车子。

어휘

1. 磨托车　mótuōchē　图 오토바이
2. 轻骑　qīngqí　图 작은 오토바이　　　3. 时速　shísù　图 시속
4. 可以　kěyǐ　助動 ~할 수 있다, ~해도 좋다
5. 山区　shānqū　图 산간지대, 산악지구
6. 据我看　jù wǒ kàn　내가 보건대[생각컨대]
7. 发动机　fādòngjī　图 발동기, 엔진, 모터
8. 结实　jiēshi　形 굳다, 단단하다　　　9. 车子　chēzi　图 차
10. 辆　liàng　量 대(차량을 셀 때 쓰이는 양사)
11. 好看　hǎokàn　形 아름답다, 근사하다, 보기좋다
12. 油箱　yóuxiāng　图 오일탱크, 연료탱크
13. 汽油　qìyóu　图 휘발유, 가솔린
14. 已经　yǐjīng　副 이미, 벌써　　　15. 钥匙　yàoshi　图 열쇠
16. 兜风　dōufēng　動 바람을 쐬다, 드라이브하다

Nǐ gěi tiāo yíliàng ba.
B : 你给挑一辆吧。

Nǐ kàn zhè liàng zěnmeyàng, yánsè yě hǎokàn.
A : 你看这辆怎么样，颜色也好看。

Jiù lái zhè liàng ba, bù zhī xiànzài yóuxiāng li yǒu qìyóu ma?
B : 就来这辆吧，不知现在油箱里有汽油吗？

Yǐjīng jiā hǎo le. Zhè shì chē yàoshi.
A : 已经加好了。这是车钥匙。

Wǒ jīntiān qí zhe tā, hǎohao dōu yi dōufēng.
B : 我今天骑着它，好好兜一兜风。

본문해석

A : 오토바이를 보러 오셨지요?

B : 이 오토바이는 얼마입니까?

A : 1900원입니다.

B : 최고시속은 얼마입니까?

A : 90킬로까지 놓을 수 있습니다.

B : 여보세요, 저는 산골에 살아 길이 다니기 불편한데 제가 어떤 것을 사면 좋겠습니까?

A : 제가 보기에는 당신은 발동기가 좋고, 또한 단단한 차를 사야 합니다.

B : 당신이 한 대 골라주십시오.

A : 당신이 보기에 이것은 어떻습니까? 색깔도 매우 예쁩니다.

B : 이것을 사겠습니다. 지금 기름통에 휘발유가 있는지 모르겠군요.

A : 이미 채워두었습니다. 이것은 열쇠입니다.

B : 저는 오늘 이것을 타고 멋진 드라이브를 하고 싶습니다.

KEY POINT

✳ **好好, 仔仔细细**

好好, 仔仔细细는 형용사 好,仔细의 중첩형식이다. 형용사가 중첩된 후 어감이 본래보다 강해져서 앞에는 통상 다시 정도부사의 수식을 받지 않는다.

중첩형식은 단음절인 경우 AA형태이고, 2음절이면 AABB형식으로 표현한다.

好(좋다) ➡ 好好(좀 좋다)

清楚(깨끗하다) ➡ 清清楚楚(좀 깨끗하다)

✳ **得**

得는 구어체에 쓰이는데, 조동사가 될 경우 의지 혹은 사실상의 필요를 나타낸다. 부정형은 不用이며, 不得라고 해서는 안된다.

동사가 될 경우에는 「얻다, 받다」의 의미인데 부정형은 不用 혹은 用不了이다.

他得了奖学金。 (그는 장학금을 받았다)

我得学习中文。 (나는 중국어를 학습해야 한다)

※ 得는 동사일 때 'dé'로 읽고, 조동사일 때에는 'děi'로 읽는다.

加油站	jiāyóuzhàn	주유소
方向盘	fāngxiàngpán	핸들
引擎, 发动机	yǐnqíng, fādòngjī	엔진
制动器	zhìdòngqì	브레이크
轮胎, 车胎	lúntāi, chētāi	타이어
车灯	chēdēng	헤드 라이트
离合器	líhéqì	클러치
汽油	qìyóu	휘발유, 가솔린
柴油	cháiyóu	중유, 디젤유
机油	jīyóu	기계유
润滑油	rùnhuáyóu	윤활유
驾驶员	jiàshǐyuán	운전사
油门	yóumén	액셀러레이터, 가속페달
防雾灯	fángwùdēng	안개등
倒车灯	dǎochēdēng	후진등
刹车灯	shāchēdēng	브레이크등
手刹车	shǒushāchē	핸드 브레이크
转弯灯	zhuǎnwāndēng	회전등
后视镜	hòushìjìng	백밀러
雨刷器	yǔshuāqì	와이퍼
喇叭	lǎba	자동차의 클랙슨
加油	jiāyóu	급유하다
仪表板	yíbiǎobǎn	(자동차 운전대의) 계기판
超速	chāosù	속도 제한을 어기다
超车	chāochē	(차를) 추월하다
酒后开车	jiǔhòu kāichē	음주운전
无照开车	wuzhao kāichē	무면허운전

보충어휘

Wǒde shǒudiàntǒng diàn yòng wánle, qǐng gěi ge gāndiànchí ba.
A：我的手电筒电用完了，请给个干电池吧。

Shì dàhào diànchí ma?
B：是大号电池吗？

Shì xiǎohào diànchí.
A：是小号电池。

Yào jǐ jié?
B：要几节？

Yào sì jié.
A：要四节。

Gěi, zhè shì diànchí.
B：给，这是电池。

Qǐngwèn, zhè diànchí néngyòng duōcháng shíjiān?
A：请问，这电池能用多长时间？

Zhè shì xīn chǎnpǐn, bǐ yǐqián de yòng de cháng.
B：这是新产品，比以前的用得长。

Zài wèn yíxià, yǒu wēixíng diànchí ma?
A：再问一下，有微型电池吗？

Shì shǒubiǎo shang yòng de ma?
B：是手表上用的吗？

Shì de.
A：是的。

어휘 1. **手电筒** shǒudiàntǒng 图 손전등, 플래시
2. **干电池** gāndiànchí 图 건전지
3. **几节** jǐ jié 몇 개(节는 건전지를 세는 데 쓰이는 양사)
4. **微型** wēixíng 形 소형의　　5. **手表** shǒubiǎo 图 손목시계

Zhèzhǒng shì shǒubiǎo shang yòng de diànchí.

B : 这种是手表上用的电池。

본문해석

A : 내 손전등은 전지를 모두 사용해 버렸습니다. 건전지 좀 주십시오.

B : 큰 전지입니까?

A : 작은 전지입니다.

B : 몇 개 필요합니까?

A : 4개가 필요합니다.

B : 전지 여기 있습니다.

A : 실례지만, 이 전지는 오래 동안 사용할 수 있습니까?

B : 이것은 신제품인데 이전 것보다 오래 사용합니다.

A : 실례지만, 소형전지 있습니까?

B : 손목시계에 사용하시려고 그러십니까?

A : 그렇습니다.

B : 이런 종류가 손목시계에 사용되는 전지입니다.

KEY POINT

✳ 能, 和, 会

　能과 会는 동사, 형용사 앞에서는 모두 조동사(능원동사)로서, 어떤 활동을 진행할 능력이 있거나 어떠한 상황이 출현할 수 있음을 표시한다. 상용형식은 '~能(会)＋동사(형용사)~'이다. 부정형식은 能, 会의 앞에 不를 붙인다.

　你**能**去吗? (당신은 갈 수 있습니까?)

　我**不会**中国话。 (나는 중국어를 할 줄 모릅니다)

Wèi, nǐ nàli shì wéixiū zhōngxīn ma?

A : 喂，你那里是维修中心吗？

Shìde, nǐ yǒu shénmeshì?

B : 是的，你有什么事？

Nǐ kàn wǒ mǎi le tái luòdì shì shōulùjī, yòng le méi jǐtian jiù huài le.

A : 你看我买了台落地式收录机，用了没几天就坏了。

Nǐ yǒu bāoxiūdān ma?

B : 你有包修单吗？

Yǒu bāoxiūzhèng.

A : 有包修证。

Nǐ zhùyì tīng zhe, rúguǒ shì gāng mǎi de jiù chū gùzhàng le, kěyǐ bāo

B : 你注意听着，如果是刚买的就出故障了，可以包

tuì, bāohuàn. Rúguǒ shì nǐ zìjǐ yòng de shíhou bù xiǎoxīn nòng huài de

退，包换。如果是你自己用的时候不小心弄坏的

어휘

1. 喂　wèi　感　야, 여이, 여보세요
2. 维修中心　wéixiū zhōngxīn　名　써비스센터
3. 台　tái　量　대, 편, 회, 차례(기계·차량 따위나 연극의 공연횟수 따위를 셀 때 쓰임)
4. 落地式收录机　luòdì shì shōulùjī　名　오디오세트
5. 包修单　bāoxiūdān　名　수리 보증서
6. 包退　bāotuì　動　반품의 인수를 보증하다
7. 包换　bāohuàn　動　(물건이 나쁜 경우에)교환을 보증하다
8. 小心　xiǎoxīn　動　조심하다, 주의하다
9. 弄坏　nònghuài　動　망가뜨리다, (일을)망치다, 실패하다
10. 负责　fùzé　動　책임이 있다, 책임을 지다
11. 修理　xiūlǐ　動　수리하다, 수선하다, 고치다
12. 象　xiàng　動　～와 같다(예를 들 때 쓰임)

huà, wǒmen fùzé xiūlǐ.
话，我们负责修理。

Nǐmen gěi bāoxiū jǐ nián?
A : 你们给包修几年？

Xiàng luòdìshì shōulùjī, kě yǐ bāoxiū sānnián.
B : 象落地式收录机，可以包修三年。

본문해석

A : 여보세요, 거기 서비스센터지요?

B : 그렇습니다. 당신은 무슨 일이 있습니까?

A : 저는 오디오 한 대를 샀는데 며칠 사용하지도 못하고 고장이 났습니다.

B : 당신은 수리 보증서가 있습니까?

A : 수리 보증서는 있습니다.

B : 잘 들어보십시오, 만약 방금 산 것이 고장났다면 반품교환을 할 수 있습니다. 만일 당신이 사용할 때 주의하지 않아서 고장이 났다면 저희들이 수리를 책임지게 됩니다.

A : 당신들은 몇 년이나 책임지고 수리를 해줍니까?

B : 오디오 같은 것은 3년 동안 책임수리가 가능합니다.

KEY POINT

✳ 的话

　~的话는 가정의 어감을 나타내는 조사로, 「~라면, ~한다면」의 뜻이다. 일반적으로 절의 말미에 사용되어 전면의 의미는 일종의 가정임을 나타낸다.

　如果你有事**的话**, 就不用来了.

　(만약 네게 일이 있다면 오지 않아도 된다)

Nǐ suànpán dǎ de zhēnhǎo.
A : 你算盘打得真好。

Nǐ xiànzài cái zhīdao ma?
B : 你现在才知道吗?

Nǐ shénme shíhou xué de?
A : 你什么时候学的?

Nǐ xiān cāi yíxià, wǒshì shénme xì bìyè de?
B : 你先猜一下, 我是什么系毕业的?

Màoyì xì?
A : 贸易系?

Búshì, wǒ shì kuàijìxì bìyè de, zài xuéxiào wǒmen cháng xué dǎ suànpán.
B : 不是,我是会计系毕业的,在学校我们常学打算盘。

Yuánlái shì zhèyàng, wǒshuōne, nǐ wèishénme dǎ de zhème hǎo, jīn
A : 原来是这样, 我说呢, 你为什么打得这么好, 今

tiān cái zhīdao nǐ shì kuàijìxì bìyè de.
天才知道你是会计系毕业的。

Nǐ yě huì dǎ suànpán ma?
B : 你也会打算盘吗?

어휘

1. 算盘 suànpán 名 주판
2. 打 dǎ 動 (주판을)놓다
3. 才 cái 副 방금, 이제 막, 이제서야, ~이 되서야
4. 猜 cāi 動 추측하다, 알아맞히다, 의심하다 名 의심
5. 系 xì 名 학과　　　　　　　　6. 毕业 bìyè 動 졸업하다
7. 贸易 màoyì 名 무역, 교역, 상업
8. 会计 kuàijì 動 회계하다 名 회계원
9. 但 dàn 接 그러나, 그렇지만
10. 熟练 shúliàn 形 숙련되어 있다, 능숙하다

Huì yìdiǎn, dàn bù shúliàn.
A : 会一点, 但不熟练。

Xué jǐ tiān jiù shúliàn le.
B : 学几天就熟练了。

본문해석

A : 주산을 잘 놓으시는군요.

B : 지금에야 알았습니까?

A : 언제 배우신 것입니까?

B : 제가 무슨 과를 졸업했는지 먼저 알아맞춰 보십시오.

A : 무역학과입니까?

B : 아닙니다. 저는 회계학과를 졸업했는데 학교에서 저희들은 항상 주산 놓는 것을 배웁니다.

A : 알고보니 그렇군요. 저는 당신이 왜 이렇게 잘 놓으시는가 했는데 오늘 비로소 회계학과를 졸업하신 것을 알았습니다.

B : 당신도 주산을 놓을 수 있습니까?

A : 약간 할 수 있지만 숙련되지 않았습니다.

B : 며칠 배우면 곧 숙련됩니다.

KEY POINT

✳ 原来

原来「원래, 본래, 알고 보니」는 어감을 강하게 하는 것으로, 이전에 모르던 상황을 이제야 깨닫게 됨을 표시한다. 주로 부사어가 되며, 주어의 앞이나 혹은 뒤에 놓여질 수 있다.

原来他是教中国话的老师。

(원래 그는 중국어를 가르치는 선생님이다)

33　钱

Lǐ xiānsheng, gěi wǒ jiè yìdiǎn qián, zěnmeyàng?
A：李先生，给我借一点钱，怎么样？

Zěnme, qián liǎngtiān fā de gōngzì dōu huāguāng le ma?
B：怎么，前两天发的工资都花光了吗？

Wǒ zhègeyuè yǒushì, suǒyǐ qián dōu huā le.
A：我这个月有事，所以钱都花了。

Wǒ kàn nǐ de shǒu hěndà.
B：我看你的手很大。

Duì, wǒ de shǒu yǒudiǎn dà, dànshì yě hěnduō.
A：对，我的手有点大，但事也很多。

Nǐ de kǒudài xiànzài méiyǒu qián ma?
B：你的口袋现在没有钱吗？

Wǒ de kǒudài zhǐ shèngxia jǐkuài yìngbì le.
A：我的口袋只剩下几块硬币了。

Jiè duōshao?
B：借多少？

Wǒ bù zhīdào nǐ you duōshao, jiè duōshao dōuxíng.
A：我不知道你有多少，借多少都行。

Zhè shì èr shí kuài, xiān ná qù yòng ba.
B：这是二十块，先拿去用吧。

어휘

1. 怎么样　zěnmeyàng　代　어떠하냐, 어떻게
2. 工资　gōngzì　名　임금, 월급
3. 花　huā　动　소비하다, 쓰다, 소모하다
4. 光　guāng　形　조금도 남지 않다, 전혀 없다
5. 口袋　kǒudài　名　(의복의)호주머니
6. 剩下　shèngxia　动　남다　　　7. 硬币　yìngbì　名　동전, 금속화폐
8. 先　xiān　副　먼저, 우선, 앞서, 미리

본문해석

A : 이 선생, 저에게 약간의 돈 좀 빌려주시면, 어떻습니까?

B : 뭐라고요, 몇일 전에 받은 월급은 모두 써 버렸습니까?

A : 저는 이번달에 일이 있어서, 돈을 모두 써 버렸습니다.

B : 제가 보기에 당신 씀씀이가 헤프군요.

A : 그렇습니다. 저는 씀씀이가 약간 헤프지만, 일도 매우 많습니다.

B : 당신 주머니에 지금 돈이 없습니까?

A : 제 주머니에는 단지 얼마의 동전만 남았습니다.

B : 얼마를 빌려드릴까요?

A : 저는 당신이 얼마나 있는지 모르지만, 얼마를 빌려주어도 됩니다.

B : 이것은 20원인데, 먼저 가져가서 쓰십시오.

KEY POINT

❋ 点(儿), 有点(儿)

点(儿)은 양사로, 보통 명사를 수식하는 관형어가 되어 수량이 적음을 나타낸다. 点(儿)은 자주 명사와 직접 결합한다. 点(儿) 앞에 수사를 붙이려면 단지 半만을 붙일 수가 있다. 상용형식은 '~点(儿)+명사~'이다.

有点(儿)은 부사로 보통 형용사를 수식하는 부사어가 되어 정도의 경미함을 표시한다. 상용형식은 '~有点(儿)+형용사~'이다.

我吃一**点**(儿)饭。 (나는 밥을 조금 먹다)

今天他**有点**(儿)不大高兴。 (오늘 그는 좀 기분이 좋지 않다)

Āiyā, zhè búshì xiǎo Mǎ ma?
A：哎呀，这不是小马吗？

Lǎoshī, nǐhǎo, wǒ zhème cháng shíjiān méi qù bàifǎng nín, qǐng yuánliàng.
B：老师，你好，我这么长时间没去拜访您，请原谅。

Méi guānxi, nǐ xiànzài, zài nǎr zuòshì?
A：没关系，你现在，在哪儿做事？

Wǒ zuìjìn kǎoshàng le guójiā gànbù.
B：我最近考上了国家干部。

Zhùhè nǐ, zhùhè nǐ, xiànzài, zài nǎli gōngzuò?
A：祝贺你，祝贺你，现在，在哪里工作？

Shì, shì jiàoyù jú.
B：是，市教育局。

Xiànzài shì jǐjí gànbù?
A：现在是几级干部？

Shí bā jí gànbù.
B：十八级干部。

Ňg, búcuò ma!
A：嗯，不错嘛！

어휘

1. 拜访　bàifǎng　名動　예방(하다)
2. 原谅　yuánliàng　動　양해하다, 용서하다
3. 考上　kǎoshàng　動　(시험에)합격하다
4. 工作　gōngzuò　名　직업
5. 干部　gànbù　名　간부, 공무원
6. 祝贺　zhùhè　名動　축하(하다)
7. 级　jí　量　급, 계급, 층
8. 不错　búcuò　形　알맞다　　9. 过　guò　動　지나다, 경과하다
10. 老样子　lǎo yàngzi　名　옛모습, 그저 그 모양

Lǎoshi, nǐ zuìjìn guòde zěnmeyàng?
B : 老师，你最近过得怎么样？

Lǎo yàngzi.
A : 老样子。

본문해석

A : 야아, 마군이 아닌가?

B : 선생님, 안녕하십니까? 이렇게 오래 방문하지 못했습니다. 양해
해 주십시오.

A : 괜찮네. 자네는 지금 어디에서 일하는가?

B : 저는 최근 공무원 시험에 합격했습니다.

A : 축하하네, 축하해. 지금 어디에서 일하나?

B : 시교육국입니다.

A : 지금 몇 급 공무원인가?

B : 18급 공무원입니다.

A : 응, 아주 좋지!

B : 선생님, 최근 어떻게 지내십니까?

A : 여전하지.

KEY POINT

✽ 祝

동사 祝은 축원, 기원을 표시한다. 祝를 사용한 문장은 통상 겸어문
인데, 때로는 주어가 나타나지 않기도 한다.

祝你旅途愉快。

(즐거운 여행이 되시길 빕니다)

Tóngzhì, wǒ yào xǐzǎo, qǐng gěi yìzhāng zǎopiào.
A：同志，我要洗澡，请给一张澡票。

Yào línyù de háishì pényù de?
B：要淋浴的还是盆浴的？

Yào línyù de, qǐngwèn yíxià yǒu zhēngqìyù ma?
A：要淋浴的，请问一下有蒸气浴吗？

Lǐmiàn yǒu.
B：里面有。

Zhèli gěi xiāngzào, xiāngshuǐ, hé xǐfàjīng ma?
A：这里给香皂，香水，和洗发精吗？

Zǎotáng li dōuyǒu, háiyǒu xiūxishì.
B：澡堂里都有，还有休息室。

Nántáng zài jǐcéng?
A：男堂在几层？

Èrlóu shì nǚtáng, sāncéng shì nántáng.
B：2楼是女堂，3层是男堂。

Zài shénme dìfang jiāo piào?
A：在什么地方交票？

Jìn nántáng de shíhou yǒu shōupiào de.
B：进男堂的时候有收票的。

어휘

1. 洗澡　xǐzǎo　图 목욕하다, 몸을 씻다
2. 淋浴　línyù　图 대중탕　动 샤워하다
3. 盆浴　pényù　图 독탕　　　　4. 蒸气浴　zhēngqìyù　图 사우나
5. 香皂　xiāngzào　图 세숫비누
6. 香水　xiāngshuǐ　图 향수　　　7. 洗发精　xǐfàjīng　图 샴푸
8. 澡堂　zǎotáng　图 욕탕　　　　9. 交票　jiāo piào　표를 내다
10. 收票　shōupiào　표를 받다

A : 여보세요, 저는 목욕을 하려 하는데 표 한장만 주십시오.

B : 대중탕을 드릴까요, 독탕을 드릴까요?

A : 대중탕이 필요합니다. 실례지만 사우나탕이 있습니까?

B : 안에 있습니다.

A : 이곳에서 세숫비누, 향수, 샴푸를 줍니까?

B : 욕탕 안에 모두 있으며 또한 휴게실도 있습니다.

A : 남탕은 몇 층에 있습니까?

B : 2층은 여탕이고, 3층은 남탕입니다.

A : 어디에서 표를 냅니까?

B : 남탕에 들어갈 때 표를 받습니다.

KEY POINT

✽ 和, 跟

和와 跟이 전치사가 될 때 명사 혹은 대명사와 전치사구조를 이루어 동사를 수식하는 부사어가 되며 동작의 대상을 설명한다. 和와 跟은 용법이 유사하다.

我们的习惯**和**中国人的习惯不同。

(우리 습관과 중국인의 습관은 같지 않다)

我的衣服**跟**他的衣服一样。

(내 옷과 그의 옷은 같다)

Yào zhù lǚguǎn ma?
A：要住旅馆吗？

Wǒ yào yíge dānrénfáng, yǒu ma?
B：我要一个单人房，有吗？

Yǒu, yào shuì chuáng de, háishì huǒkàng de.
A：有，要睡床的，还是火炕的。

Dōuxíng.
B：都行。

Qǐng gēn wǒ lái, zhè fángjiān zěnmeyàng, yǒu xǐzǎojiān, yǒu yīguì.
A：请跟我来，这房间怎么样，有洗澡间，有衣柜。

Shuǐguǎn li chū wēnshuǐ ma?
B：水管里出温水吗？

Chū wēnshuǐ, nǐ kàn háiyǒu máojīn, xiāngzào, yágāo děng dōuyǒu.
A：出温水，你看还有毛巾，香皂，牙膏等都有。

Yìtiān fángfèi duōshaoqián?
B：一天房费多少钱？

어휘
1. 旅馆　lǚguǎn　名 여관
2. 单人房　dānrénfáng　名 일인용 방
3. 床　chuáng　名 침대　　　4. 火炕　huǒkàng　名 온돌
5. 跟　gēn　動 따라가다, 좇아가다
6. 房间　fángjiān　名 방　　　7. 洗澡间　xǐzǎojiān　名 욕실
8. 衣柜　yīguì　名 옷장　　　9. 水管　shuǐguǎn　名 수도관, 호스
10. 温水　wēnshuǐ　名 온수　　11. 毛巾　máojīn　名 수건
12. 牙膏　yágāo　名 치약　　　13. 一天　yìtiān　名 하루
14. 算账　suànzhàng　動 계산하다, 결산하다
15. 付钱　fù qián　돈을 지불하다　　16. 叫　jiào　動 부르다, 찾다
17. 随时　suíshí　副 수시로, 언제나, 언제나 때를 가리지 않고

Yì tiān wǔshí yuán.
A : 一天 50 元。

Shénme shíhou suànzhàng?
B : 什么时候算账？

Zǒu de shíhou fùqián, nín rú yǒushì kěyǐ suíshí jiào wǒmen.
A : 走的时候付钱，您如有事可以随时叫我们。

hǎo.
B : 好。

본문해석

A : 여관에 머무시려고 합니까?

B : 저는 1인용 방이 필요한데, 있습니까?

A : 있습니다. 침대방을 원하십니까, 온돌방을 원하십니까?

B : 모두 됩니다.

A : 저를 따라오십시오. 이 방은 욕탕도 있고 옷장도 있는데, 어떻습니까?

B : 수도관에는 따뜻한 물이 나옵니까?

A : 따뜻한 물이 나옵니다. 보십시오. 수건, 세숫비누, 치약 등이 모두 있습니다.

B : 하루에 방세가 얼마입니까?

A : 하루에 50원입니다.

B : 언제 계산합니까?

A : 갈 때 돈을 지불합니다. 만약 일이 있으시면 언제라도 저희들을 부르십시오.

B : 좋습니다.

Nǐ zěnme zhème jízhe huíjiā?
A：你怎么这么急着回家？

Nǐ bùzhīdào ma? Jīntiān yǒu wèixīng zhuǎnbō de quánjī bǐsài.
B：你不知道吗？今天有卫星转播的拳击比赛。

Shì jǐpíndào?
A：是几频道？

Kěnéng shì bā píndào, zhēnquè de wǒ yě xiǎng bu qǐlái, nǐ kànkan diàn
B：可能是八频道，真确的我也想不起来，你看看电

shì yùbào ba.
视预报吧。

Zhè jǐtiān de diànshì jiémù yǒu yìsi ma?
A：这几天的电视节目有意思吗？

Shì, hěnyǒu yìsi, yīnwèi guójì bǐsài hěnduō, diànshì tiāntiān dou
B：是，很有意思，因为国际比赛很多，电视天天都

어휘

1. 急着　jízhe　動　초조하다, 조급하게 서두르다
2. 卫星转播　wèixīng zhuǎnbō　위성중계
3. 拳击　quánjī　名　권투, 복싱
4. 比赛　bǐsài　名動　시합(하다)
5. 频道　píndào　名　채널
6. 真确　zhēnquè　形　확실하다, 정확하다, 진실하다
7. 想不起来　xiǎng bu qǐlái　생각나지 않다, 기억해낼 수 없다
8. 电视预报　diànshì yùbào　名　텔레비전 예보
9. 节目　jiémù　名　종목, 프로그램, 목록, 항목
10. 国际比赛　guójì bǐsài　국제경기
11. 爱　ài　名動　사랑(하다)　助動　~하기를 좋아하다
12. 新闻连播　xīnwén liánbō　名　뉴스
13. 体育　tǐyù　名　체육

zài zhuǎnbō.
在转播。

Nǐ ài kàn shénme jiémù?
A : 你爱看什么节目？

Wǒ zuì ài kàn bādiǎn xīnwén liánbō, nǐ ne?
B : 我最爱看 8 点新闻联播，你呢？

Wǒ ài kàn tǐyù jiémù, dàn yìbān de jiémù yě ài kàn.
A : 我爱看体育节目，但一般的节目也爱看。

Wǒmen shōushi yíxià zǒu ba.
B : 我们收拾一下走吧。

본문해석

A : 당신 왜 이렇게 급하게 귀가하십니까?

B : 오늘 권투 위성중계 방송이 있는 것을 모르십니까?

A : 몇 번 채널입니까?

B : 아마 8번 채널 같은데 저도 정확히 생각이 나지 않습니다. 당신
　　이 TV 프로그램을 보십시오.

A : 최근의 TV 프로는 재미있습니까?

B : 예, 매우 재미있습니다. 국제경기가 매우 많기 때문에, TV에서
　　매일 중계방송하고 있습니다.

A : 당신은 어떤 프로를 좋아하십니까?

B : 저는 8시 뉴스를 가장 즐겨보는데, 당신은요?

A : 저는 스포츠 프로를 즐겨보지만 일반 프로도 즐겨봅니다.

B : 우리들은 정리하고 나갑시다.

Lǐmiàn yǒu rén ma?
A：里面有人吗？

Shì shuí.
B：是谁。

Wǒ Wánglì.
A：我王丽。

Ó, wǒ děng zhe nǐ ne, qǐng zhèli zuò, duìbuqǐ nǐ xiān zuòzuo,
B：哦，我等着你呢，请这里坐，对不起你先坐坐，

wǒ zhǔnbèi zhǔnbèi jiùlái.
我准备准备就来。

Nǐ yíge rén shēnghuó ma?
A：你一个人生活吗？

(chú fáng li) Duì, wǒ hé fùmǔ fēnkāi guò yǒu wǔ, liù nián le.
B：（厨房里）对，我和父母分开过有五，六年了。

Nǐ dìng bàozhǐ le ma?
A：你订报纸了吗？

어휘
1. **生活**　shēnghuó　名動　생활(하다)
2. **对**　duì　形　맞다, 옳다, 정확하다
3. **父母**　fùmǔ　名　부모
4. **分开**　fēnkāi　動　갈라지다, 떨어지다, 헤어지다, 분리되다
5. **订**　dìng　動　(조약, 계약, 계획, 규칙 등을)정하다
6. **报纸**　bàozhǐ　名　신문, 신문지
7. **茶几子**　chájīzi　名　찻그릇을 올려놓는 작은 탁자
8. **底下**　dǐxia　名　밑, 아래
9. **顿**　dùn　量　번, 차례, 끼니(식사, 질책, 권고 따위의 횟수에 쓰임)

Dìng le, zài chájīzi dǐxia yǒu.
B：订了，在茶几子底下有。

Nǐ bú yào zhǔnbèi shénme le.
A：你不要准备什么了。

Nǐ dì yícì lái, wǒděi hǎohao qǐngnǐ chī yídùn.
B：你第一次来，我得好好请你吃一顿。

본문해석

A ： 계십니까?

B ： 누구십니까?

A ： 저, 왕리입니다.

B ： 어머, 저는 당신을 기다리고 있었습니다. 이쪽으로 앉으십시오.
실례지만 좀 앉아 계시면, 준비 좀 해서 곧 오겠습니다.

A ： 당신 혼자 생활하십니까?

B ： (부엌에서) 그렇습니다, 저는 부모님과 분가한 지 5, 6년 되었습
니다.

A ： 신문 계약하셨습니까?

B ： 계약했습니다. 탁자 아래 있습니다.

A ： 아무것도 준비할 필요없습니다.

B ： 당신은 처음 오셨는데 한끼의 식사를 잘 대접해야 합니다.

Āi, Lǐ xiānsheng nǐ hǎo?
A：哎，李先生你好？

Wáng shīfu nínhǎo?
B：王师傅您好？

Nǐ jiéhūn le méiyǒu?
A：你结婚了没有？

Hái méiyǒu ne.
B：还没有呢。

Wǒ tīngshuo nǐ xiànzài, zài gǎo duìxiàng, zěnmeyàng le?
A：我听说你现在，在搞对象，怎么样了？

(hóng zhe liǎn shuō) Wǒ zhècì tán de duìxiàng chuīle.
B：（红着脸说）我这次谈的对象吹了。

Nǐ zěnme tán le yíge yòu yíge, hái méi zhǎo dào héshì de, shìbu
A：你怎么谈了一个又一个，还没找到合适的，是不

shì yǎn tài gāo le?
是眼太高了？

Búshì, shì nǚ de kàn bu shàng wǒ, suǒyǐ yòu shīliàn le.
B：不是，是女的看不上我，所以又失恋了。

어휘

1. 结婚　jiéhūn　動　결혼하다
2. 搞对象　gǎo duìxiàng　연애를 하다
3. 吹　chuī　名　(약속이나 일이)무효가 되다, 그만두다, 허사가 되다
4. 合适　héshì　形　적당하다　　5. 谈　tán　動　말하다, 이야기하다
6. 看不上　kàn bu shàng　(보아서)마음에 안들다, 경멸하다, 얕보다
7. 失恋　shīliàn　動　실연하다　　8. 老实　lǎoshi　形　솔직하다
9. 善良　shànliáng　形　선량하다, 착하다
10. 挑　tiāo　動　선택하다, 고르다
11. 漂亮　piàoliang　形　아름답다　　12. 理解　lǐjiě　名動　이해(하다)

Nǐ yīnggāi zhǎo yíge lǎoshi shànliáng de, bú yào guāng tiāo piàoliang de.
A : 你应该找一个老实善良的，不要光挑漂亮的。

Wǒ xiǎng zhǎo yíge néng lǐjiě wǒ de nǚrén.
B : 我想找一个能理解我的女人。

본문해석

A : 아, 이 선생, 안녕하십니까?

B : 왕 선생님, 안녕하십니까?

A : 당신 결혼하셨습니까?

B : 아직 하지 않았습니다.

A : 내가 듣기에 당신은 지금 연애하고 있다던데, 어찌 된 겁니까?

B : (얼굴을 붉히며 말한다) 저는 이번에 사귀던 애인과 헤어졌어요.

A : 당신은 한 명 또 한 명 사귀는데, 왜 적당한 사람을 찾지 못합
   니까, 눈이 높은 것 아닙니까?

B : 그렇지 않습니다. 여자가 저를 쳐다보지 않습니다. 그래서 또 실
   연당했습니다.

A : 당신은 한 명의 얌전하고 착한 사람을 찾아야지 그냥 아름다운
   사람을 골라서는 안됩니다.

B : 저는 저를 이해할 수 있는 여자를 찾을 생각입니다.

KEY POINT

✽ 又

　부사 又는 보통 동사 또는 형용사를 수식하여 부사어가 된다. 동일
한 동작 혹은 상황이 중복하여 발생하거나 혹은 다른 동작, 사건이
교체되어 출현함을 나타낸다.

　今天又下雨了。(오늘 또 비가 내렸다)

Nǐ jiàn wǒ jiā de háizi le ma?
A：你见我家的孩子了吗？

Méiyǒu nǐ qù xiàngzi li zhǎoyizhǎo, wǒ gāngcái kànjiàn hé jǐge
B：没有，你去巷子里找一找，我刚才看见和几个孩

háizi zài xiàngzi li wán.
子在巷子里玩。

Duìbuqǐ, qǐngwèn yíxià, wǒ de háizi zài nǐ zhèli ma?
A：对不起，请问一下，我的孩子在你这里吗？

Jiāntiān méiyǒu lái zhèli.
C：今天没有来这里。

Gāngcái tīng Wáng dàmā shuō zài zhè xiàngzi li wán, kěshì dào zhèlǐ zhǎo le
A：刚才听王大妈说在这巷子里玩，可是到这里找了

yì quān, yě méi zhǎo zháo.
一圈，也没找着。

Nǐ bú yào dānxīn, búhuì zǒuyuǎn de.
C：你不要担心，不会走远的。

Nǐ kàn zhǎo yě zhǎo bu zháo, zěnme bùjí ne?
A：你看找也找不着，怎么不急呢？

Mā, nǐ zěnme zài zhèr?
D：妈，你怎么在这儿？

어휘
1. 找　zhǎo　動　찾다, 구하다
2. 大妈　dàmā　名　큰어머니, 아주머니
3. 圈　quān　量　바퀴
4. 担心　dānxīn　動　염려하다, 걱정하다
5. 急　jí　動　초조해하다, 안달하다, 조급하다
6. 吓　xià　動　놀라다, 놀라게 하다

Nǐ pǎo nǎr qù le, bǎ wǒ xià le yi tiào.
A：你跑哪儿去了，把我吓了一跳。

Wǒ hé xiǎopéngyou yìqǐ zài wán.
D：我和小朋友一起在玩。

본문해석

A ： 우리집 아이 보셨습니까?

B ： 아니오, 골목을 찾아보십시오. 저는 방금 골목에서 몇 명의 아이
들과 노는 것을 보았습니다.

A ： 실례지만 말씀 좀 묻겠는데요, 우리 아이가 여기 있습니까?

C ： 오늘은 여기 오지 않았습니다.

A ： 방금 왕 아주머니가 이 골목에서 놀고 있다고 말하는 것을 듣고,
한바퀴를 돌며 찾았는데도, 찾지 못했습니다.

C ： 걱정하지 마십시오. 멀리 가지는 않았을 겁니다.

A ： 아무리 찾아도 찾지 못했는데 어떻게 조급하지 않겠습니까?

D ： 엄마, 왜 여기에 계십니까?

A ： 너 어딜 가서 날 놀라게 하느냐?

D ： 저는 친구와 함께 놀았습니다.

KEY POINT

✳ 着

동사 着[zháo]는 다른 동사의 뒤에 있을 때 보충어가 되어 동작이
이미 실현되었거나 목적에 도달하였음을 보충 설명한다. 부정형식은
不着이다.

他睡着了. (그는 잠이 들었다)

Wǒ jīntiān méiyǒu shì, lái nǐ zhèr le.
A：我今天没有事，来你这儿了。

Wǒ yě méi shì, xīnli hěnjí.
B：我也没事，心里很急。

Nǐ jīngcháng zài jiā xián zhe ma?
A：你经常在家闲着吗？

Duì, tiān lěng le, xiànzài, zài jiā xiūxi.
B：对，天冷了，现在，在家休息。

Jīntiān wǒmen suíbiàn liáoliao ba.
A：今天我们随便聊聊吧。

Tán shénme ne?
B：谈什么呢？

Tán shénme dōuxíng, fǎnzheng wǒ yě méi shì.
A：谈什么都行，反正我也没事。

Wǒ zuótiān hé biéren, cóng wǎnshang tán dào tiānliàng.
B：我昨天和别人，从晚上谈到天亮。

어휘

1. 事　shì　名 일, 직업, 업무
2. 经常　jīngcháng　副 늘, 항상, 언제나
3. 闲着　xiánzhe　动 한가하게 있다, 빈둥빈둥거리고 있다
4. 冷　lěng　形 춥다, 차다, 시리다
5. 随便　suíbiàn　副 마음대로, 자유로이, 제멋대로
6. 聊　liáo　动 한담하다, 잡담하다
7. 反正　fǎnzheng　副 어차피, 결국
8. 别人　biéren　名 남, 타인
9. 天亮　tiānliàng　名 새벽, 동틀 무렵　动 날이 새다
10. 没有意思　méiyou yìsi　재미없다
11. 暖和　nuǎnhuo　形 따뜻하다　　12. 爬山　páshān　名 등산

Wǒ juéde zhèyàng guò yě zhēn méiyou yìsi.
A : 我觉得这样过也真没有意思。

Duì, děng tiān nuǎnhuo le, wǒmen yìqǐ qù páshān ba.
B : 对，等天暖和了，我们一起去爬山吧。

본문해석

A : 저는 오늘 일이 없어서 여기 왔습니다.

B : 저도 일이 없어 매우 심심합니다.

A : 당신은 항상 집에서 지냅니까?

B : 그렇습니다. 날이 추워, 지금 집에서 쉬고 있습니다.

A : 오늘 저희들은 자유로이 이야기합시다.

B : 무슨 이야기요?

A : 어차피 저도 일이 없는데 어떤 얘기도 됩니다.

B : 저는 어제 다른 사람과 저녁부터 새벽녘까지 이야기했습니다.

A : 저는 이렇게 지내도 정말 재미없다고 생각합니다.

B : 그렇습니다. 날씨가 따뜻해지기를 기다렸다가 우리 함께 등산이 나 갑시다.

KEY POINT

✳ 反正

부사 反正은 통상 문두에 놓여 어감을 강하게 한다. 어떠한 상황에 대해 굳은 확신을 갖거나 혹은 상황은 다르더라도 결과가 같음을 강조하여 설명한다.

反正去不去都是一样。

(어차피 가든 안 가든 똑같다)

Lǐ xiānsheng, Zhāng xiānsheng zěnme zhèmecháng shíjiān méi jiàn le?
A: 李先生，张先生怎么这么长时间没见了？

Tā, āi, qù jiānyù le.
B: 他，唉，去监狱了。

Zěnme tā……
A: 怎么他……。

Duì, ta píngcháng bù xué hǎo, jiéguǒ……
B: 对，他平常不学好，结果……。

Wǒ yǐqián jiùjuéde tā zhège rén yǒu wèntí.
A: 我以前就觉得他这个人有问题。

Wǒ ne, hé tā zài yìqǐ de shíhou, bù zhī shuō le duōshao hǎohuà, dàn
B: 我呢，和他在一起的时候，不知说了多少好话，但

tā jiùshì bùtīng, jiéguǒ dé le zhè yàng de xiàchang.
他就是不听，结果得了这样的下场。

Shénme shíhou jiào gōngānjú zhuāzǒu de?
A: 什么时候叫公安局抓走的？

어휘
1. 唉　āi　感　탄식, 연민을 나타내는 소리
2. 监狱　jiānyù　名　감옥
3. 平常　píngcháng　名　평소, 평시　形　보통이다, 평범하다
4. 以前　yǐqián　名　이전
5. 问题　wèntí　名　사고, 의외의 일, 고장, 탈, 문제거리
6. 下场　xiàchang　名　결말, 말로
7. 公安局　gōngānjú　名　공안국
8. 抓走　zhuāzǒu　動　잡아가다, 끌고가다, 붙들어가다
9. 手铐　shǒukào　名　수갑, 쇠고랑
10. 犯人　fànrén　名　범인

Yǒu jǐ tiān le.
B：有几天了。

Zhuā zǒu de shíhou dài shǒukào le ma?
A：抓走的时候戴手铐了吗？

Fànrén yǒu bú dài shǒukào de ma?
B：犯人有不戴手铐的吗？

본문해석

A : 이 선생, 장 선생은 왜 이렇게 오랫동안 보이지 않습니까?
B : 그는, 아, 감옥에 갔습니다.
A : 왜 그가……
B : 그는 평소 좋은 것을 배우지 않더니 결국…….
A : 저는 이전에 그가 문제가 있다고 생각했습니다.
B : 저는 그와 함께 있을 때 유익한 말을 얼마나 했는지 모릅니다. 그러나 듣지 않더니 결국 이러한 결과를 얻었습니다.
A : 언제 공안국에 의해 붙잡혀 갔습니까?
B : 며칠 되었습니다.
A : 붙잡아 갈 때 수갑을 채웠습니까?
B : 수갑을 안 찬 범인도 있습니까?

KEY POINT

✳ 好久不见了

  일반적으로 사람을 오래간만에 만났을 때 쓰이며 '好久没见了', '小见, 小见'이라고도 한다. 好는 부사로, 형용사 앞에 놓여 很의 뜻을 나타낸다.

Xiànzài Zhōngguó hé Táiwān zěnmeyàng le?
A：现在中国和台湾怎么样了？

Súizhe shìjiè biànhuà, táiwān hé dàlù xiànzài yě zhújiàn láiwǎng pínfán le.
B：随着世界变化，台湾和大陆现在也逐渐来往频繁了。

Nǐ zhǐ de shì shénme láiwǎng?
A：你指的是什么来往？

Yìbān de mínjiān wǎnglái.
B：一般的民间往来。

Zhōngguó duì Táiwān de zhèngcè shì shénme?
A：中国对台湾的政策是什么？

Zhōngguó zhè jǐshínián yìzhí yāoqiú táiwān zhèngfǔ, shīxíng zìyóu tōngháng,
B：中国这几十年一直要求台湾政府，施行自由通航，

zìyóu láiwǎng, zìyóu tōngxìn.
自由来往，自由通信。

어휘
1. 随着　suízhe　～따라서, ～뒤이어, ～에 따라, 즉시, 곧
2. 世界　shìjiè　名 세계, 세상　　3. 变化　biànhuà　名動 변화(하다)
4. 逐渐　zhújiàn　副 점차, 차츰차츰, 점점
5. 来往　láiwǎng　動 오고가다, 왕래하다
6. 频繁　pínfán　形 잦다, 빈번하다
7. 指　zhǐ　動 지적하다, 가리키다, 지시하다, 지도하다
8. 民间　mínjiān　名 민간　　　　9. 政策　zhèngcè　名 정책
10. 一直　yìzhí　副 계속해서, 연속해서, 끊임없이, 줄곧, 내내
11. 要求　yāoqiú　名動 요구(하다), (희망)하다
12. 施行　shīxíng　動 시행하다, 집행하다, 실시하다, 행하다
13. 通航　tōngháng　名 항공로　動 취항하다, 항해하다
14. 通信　tōngxìn　動 통신하다, 편지를 내다　名 통신, 서신왕래
15. 统一　tǒngyī　名動 통일(하다)

Nǐ xiǎng shénme shíhou kěyǐ tǒngyī ne?
A : 你想什么时候可以统一呢？

Zhè hěn nán shuō, yào gēnjù qíngkuàng.
B : 这很难说，要根据情况。

본문해석

A : 현재 중국과 대만은 어떻습니까?

B : 세계의 변화에 따라 지금 대만과 대륙 또한 왕래가 빈번해졌습니다.

A : 당신이 지적한 것은 어떤 왕래입니까?

B : 일반 민간왕래입니다.

A : 중국의 대만에 대한 정책은 무엇입니까?

B : 중국은 요 몇십 년 계속 대만정부에 자유취항, 자유왕래, 자유통신을 시행할 것을 요구하고 있습니다.

A : 당신은 언제 통일될 거라고 생각하십니까?

B : 정말 말하기 어렵군요. 상황에 따라야 합니다.

KEY POINT

✳ **随着**

　随着은 「~에 따라서」라는 뜻으로, 두 개의 동작 혹은 두 종류의 상황이 상응하여 발생하는 경우에 상용되어 전자가 전제됨을 설명하는 말이다.

　随着时代的不同, 风俗也不同了.

　(시대에 따라서 풍속도 달라진다)

Tīngsuo Zhōngguó shǎoshù mínzú hěnduō, shì ma?
A : 听说中国少数民族很多，是吗？

Duì, yǒu wǔ shí wǔ ge shǎoshù mínzú.
B : 对，有55个少数民族。

Nǎge mínzúrén zuì duō?
A : 哪个民族人最多？

Dìyī shì Mǎnzú, dì'èr shì Wéiwú'ěrzú, dìsān shì Zàngzú, dì
B : 第一是满族，第二是维吾尔族，第三是藏族，第

sì shì Měnggǔzú, dì wǔ shì wǒmen Cháoxiǎnzú.
四是蒙古族，第五是我们朝鲜族。

Shǎoshù mínzú yǒu zìjǐ de yǔyán ma?
A : 少数民族有自己的语言吗？

Bú dàn yǒu yǔyán, érqiě háiyǒu wénzì.
B : 不但有语言，而且还有文字。

Shǎoshù mínzú dàiyù hǎo ma?
A : 少数民族待遇好吗？

어휘

1. **少数民族**　shǎoshù mínzú　名 소수민족
2. **满族**　Mǎnzú　名 만주족　3. **维吾尔族**　Wéiwú'ěrzú　名 위구르족
4. **藏族**　Zàngzú　名 티베트족　　5. **蒙古族**　Měnggǔzú　名 몽고족
6. **朝鲜族**　Cháoxiǎnzú　名 조선족
7. **语言**　yǔyán　名 언어　　8. **文字**　wénzì　名 문자, 글자, 글
9. **待遇**　dàiyù　名 (봉급·급료·권리·지위 따위의)대우, 취급
10. **当然**　dāngrán　形 당연하다, 물론이다　副 당연히, 물론
11. **比方说**　bǐfang shuō　예를 들어 말하다
12. **汉族**　Hànzú　名 한족　　13. **电台**　diàntái　名 방송국
14. **种族**　zhǒngzú　名 종족, 인종
15. **岐视**　qíshì　名動 경시(하다), 차별대우(하다)
16. **平等**　píngděng　名形 평등(하다), 대등(하다)

Dāngrán, bǐfang shuō Hànzú zhǐ néng shēng yíge háizi, ér shǎoshù mínzú

B: 当然，比方说汉族只能生一个孩子，而少数民族

jiù néng duō shēng jǐge, zài gè shǎoshù mínzú dìqū, diàntái, bàozhǐ dōu

就能多生几个，在各少数民族地区，电台，报纸都

yòng tāmen zìjǐ de yǔyán.

用他们自己的语言。

Yǒuméiyou zhǒngzú qíshì?

A: 有没有种族岐视？

gè zú rénmín dōu píngděng, méiyou zhǒngzú qíshì.

B: 各族人民都平等，没有种族岐视。

A : 듣기에 중국은 소수민족이 매우 많다고 하는데 그렇습니까?

B : 그렇습니다. 55개 소수민족이 있습니다.

A : 어느 민족 사람이 가장 많습니까?

B : 첫번째는 만주족, 두번째는 위구르족, 세번째는 티베트족, 네번째는 몽고족, 다섯번째는 우리 조선족입니다.

A : 소수민족은 자기 언어가 있습니까?

B : 언어가 있을 뿐 아니라, 또한 문자도 있습니다.

A : 소수민족의 대우는 좋습니까?

B : 당연합니다. 예를 들면 한쪽은 단지 한 명의 아이를 낳을 수 있는 반면, 소수민족은 여러 명을 낳을 수 있습니다. 각 소수민족의 지역에서는 방송국, 신문 모두 그들 자신의 언어를 사용합니다.

A : 종족 차별이 있습니까?

B : 각 민족은 모두 평등하고 종족 차별은 없습니다.

A : 中国已经接管香港了，中国将来采取些什么方法。
Zhōngguó yǐjīng jiēguǎn xiānggǎng le, zhōngguó jiānglái cǎiqǔ xiē shénme fāngfǎ.

B : 第一，英国从香港撤走后，建立一个有中国共产
Dìyī, yīngguó cóng Xiānggǎng chèzǒu hou, jiànlì yíge yǒu zhōngguó gòngchǎn

党领导的香港政府，第二，保持香港的现状。
dǎng lǐngdǎo de xiānggǎng zhèngfǔ, dì'èr, bǎochí xiānggǎng de xiànzhuàng.

A : 个人财产都归国家所有吗？
Gèrén cáichǎn dōu guī guójiā suǒyǒu ma?

B : 个人财产，继续归个人所有。
Gèrén cáichǎn, jìxù guī gèrén suǒyǒu.

A : 外国的金融财团可以留在香港吗？
Wàiguó de jīnróng cáituán kěyǐ liú zài xiānggǎng ma?

어휘

1. **接管** jiēguǎn 動 (일 또는 물자를)접수하여 관리하다
2. **香港** Xiānggǎng 名 홍콩
3. **采取** cǎiqǔ 動 (방침·정책 따위를) 채용하다, 채택하다, 취하다
4. **方法** fāngfǎ 名 방법, 수단, 방식
5. **撤走** chèzǒu 動 물러나다, 철수하다, 철퇴하다
6. **建立** jiànlì 動 세우다, 구축하다, 맺다, 설정하다
7. **共产党** gòngchǎndǎng 名 공산당
8. **领导** lǐngdǎo 動 지도하다, 영도하다, 이끌고 나가다
9. **政府** zhèngfǔ 名 정부   10. **现状** xiànzhuàng 名 현상
11. **财产** cáichǎn 名 재산, 자산   12. **归** guī 動 돌려주다
13. **所有** suǒyǒu 名動 소유(하다)
14. **继续** jìxù 名動 계속(하다)
15. **金融财团** jīnróng cáituán 名 금융재단
16. **留** liú 動 머무르다, 묵다, 체재하다
17. **长期** chángqī 名 장기간   18. **走** zǒu 動 떠나다, 가다

Kěyǐ chángqī liú xià lái.
B : 可以长期留下来。

Xiānggǎng yǒu hěnduō wàiguórén, zěnmebàn?
A : 香港有很多外国人，怎么办？

Xiǎng liúxià de liúxià, xiǎng zǒu de zǒu.
B : 想留下的留下，想走的走。

본문해석

A : 중국은 이미 홍콩을 인계받아 관리하는데, 중국은 장차 어떤 방법을 취할 것 같습니까?

B : 첫번째는, 영국이 홍콩에서 철수한 후 중국 공산당이 이끄는 홍콩 정부를 세우고, 두번째는 홍콩의 현상황을 유지하는 겁니다.

A : 개인 재산은 모두 홍콩에 귀속됩니까?

B : 개인 재산은 계속 개인이 소유할 것입니다.

A : 외국의 금융재단은 홍콩에 남아 있을 수 있습니까?

B : 장기적으로 남아 있을 수 있습니다.

A : 홍콩은 많은 외국인이 있는데, 어떻게 할까요?

B : 남고 싶으면 남고, 가고 싶으면 갑니다.

KEY POINT

✽ 从

从은 기점을 표시하는 전치사로 통상 시간, 장소를 표시하는 명사 혹은 명사성을 띠는 말과 결합하여 전치사구조를 이루어 동사를 수식하는 부사어가 된다. 이때 이 구조는 동작이 언제, 어느 곳에서부터 발생하는가를 설명한다. 상용형식은 '～从＋명사＋동사～'이다.

他从学校回来了吗？ (그는 학교에서 돌아왔습니까?)

Piáo xiānsheng, nǐ xìnyǎng shén me zōngjiào?
A：朴先生，你信仰什么宗教？

Wǒ xìnyǎng Jīdūjiào, nǐ ne?
B：我信仰基督教，你呢？

Wǒ méiyǒu zōngjiào.
A：我没有宗教。

Zhāng xiānsheng, zài Zhōngguó yǒu zōngjiào ma? Nǐ gěi wǒ jiǎngyijiǎng.
B：张先生，在中国有宗教吗？你给我讲一讲。

Zhōngguó wénhuà dàgémìng shí, jìnzhǐ yíqiè zōngjiào huódòng, dàn xiànzài
A：中国文化大革命时，禁止一切宗教活动，但现在

róngxǔ zōngjiào huódòng.
容许宗教活动。

Yǒu shénme zōngjiào?
B：有什么宗教？

어휘

1. 信仰 xìnyǎng 動 (종교를)믿다
2. 宗教 zōngjiào 名 종교
3. 基督教 Jīdūjiào 名 기독교
4. 讲 jiǎng 動 이야기하다
5. 文化大革命 wénhuà dàgémìng 문화대혁명〔无产阶级文化大革命〕의 준말
6. 禁止 jìnzhǐ 名動 금지(하다)
7. 一切 yíqiè 形 일체의
8. 活动 huódòng 動 활동하다
9. 容许 róngxǔ 動 허용하다
10. 天主教 Tiānzhǔjiào 名 천주교
11. 佛教 Fójiào 名 불교
12. 伊斯兰教 Yīsīlánjiào 名 이슬람교
13. 教堂 jiàotáng 名 성당
14. 教会 jiàohuì 名 교회
15. 寺 sì 名 불교의 사찰, 절
16. 神父 shénfù 名 신부
17. 牧师 mùshi 名 목사
18. 传教士 chuánjiàoshì 名 선교사

Yǒu Tiānzhǔjiào, Jīdūjiào, Fójiào, Yīsīlánjiào děng.
A : 有天主教，基督教，佛教，伊斯兰教等。

Zhǔyào zài nǎr huódòng?
B : 主要在哪儿活动？

Zài jiàotáng, jiàohuì, sì li huódòng.
A : 在教堂，教会，寺里活动。

Yǒu shénfù, mùshi, hé chuánjiàoshì ma?
B : 有神父，牧师，和传教士吗？

Dōuyǒu, dàn yíbùfēn shì cóng Měiguó, Yīngguó hé xiānggǎng lái de.
A : 都有，但一部分是从美国，英国和香港来的。

본문해석

A : 박 선생, 당신은 어떤 종교를 믿습니까?

B : 저는 기독교를 믿습니다, 당신은요?

A : 저는 종교가 없습니다.

B : 박 선생, 중국에 종교가 있습니까? 저에게 말씀해 주십시오.

A : 중국 문화혁명 때, 모든 종교활동을 금지했지만, 지금은 종교활동을 허용합니다.

B : 어떤 종교가 있습니까?

A : 천주교, 기독교, 불교, 이슬람교 등이 있습니다.

B : 주로 어디에서 활동합니까?

A : 성당, 교회, 절에서 활동합니다.

B : 신부, 목사, 선교사가 있습니까?

A : 모두 있습니다만, 일부는 미국·영국·홍콩으로부터 들어왔습니다.

Āi, nǐ kàn le diànshì ma? Hánguó hé Xiōngyálì jiànlì le dàshǐ jí

A：哎，你看了电视吗？韩国和匈牙利建立了大使级

wàijiāo guānxi.

外交关系。

Duì, wǒ kàn le, wǒ juéde zhèshì wǒmen wàijiāo shang de yí dà shènglì.

B：对，我看了，我觉得这是我们外交上的一大胜利。

Nǐ zhīdao shénme shì dàshǐguǎn ma?

A：你知道什么是大使馆吗？

Dàshǐguǎn jiùshì dàibiǎo yíge guójiā de jīgòu.

B：大使馆就是代表一个国家的机构。

Dàshǐguǎn li yǒu nǎ xiē jīgòu?

A：大使馆里有那些机构？

어휘

1. **匈牙利** Xiōngyálì 图 헝가리
2. **外交关系** wàijiāo guānxi 외교관계
3. **胜利** shènglì 图 승리 動 승리하다, 성공하다
4. **代表** dàibiǎo 图 대표, 대표자 動 대표하다
5. **机构** jīgòu 图 기구　　6. **领事馆** lǐngshìguǎn 图 영사관
7. **文化处** wénhuàchù 图 문화처
8. **商务处** shāngwùchù 图 상무처
9. **负责人** fùzérén 图 책임자　10. **大使** dàshǐ 图 대사
11. **领使** lǐngshǐ 图 영사　　12. **公使** gōngshǐ 图 공사
13. **参赞** cānzàn 图 참사관　14. **专员** zhuānyuán 图 판무관
15. **陆军武官** lùjūn wǔguān 图 육군무관
16. **海军武官** hǎijūn wǔguān 图 해군무관
17. **空军武官** kōngjūn wǔguān 图 공군무관
18. **一等秘书** yìděng mìshū 图 일등서기관
19. **二等秘书** èrděng mìshū 图 이등서기관
20. **翻译官** fānyìguān 图 통역관

Yǒu lǐngshìguǎn, wénhuàchù, shāngwùchù děng.......
B : 有领事馆，文化处，商务处等……。

Dàshǐguǎn yǒu shénme fùzé rén?
A : 大使馆有什么负责人？

Yǒu dàshǐ, lǐngshì, gōngshǐ, cānzàn, zhuānyuán děng rén.
B : 有大使，领事，公使，参赞，专员等人。

Háiyǒu ne, rú lùjūn wǔguān, hǎijūn wǔguān, kōngjūn wǔguān.
A : 还有呢，如陆军武官，海军武官，空军武官。

Duì, háiyǒu yìděng mìshū, èrděng mìshū, sānděng mìshū hé fānyì guān.
B : 对，还有一等秘书，二等秘书，三等秘书和翻译官。

본문해석

A : 여보세요, 당신 TV 보았습니까? 한국과 헝가리가 대사급 외교 관계를 수립했습니다.

B : 맞아요, 저도 보았습니다. 이것은 우리 외교상의 일대 승리라 여깁니다.

A : 당신은 무엇이 대사관인지 아십니까?

B : 대사관은 한 국가를 대표하는 기구입니다.

A : 대사관에는 어떠한 기구가 있습니까?

B : 영사관, 문화처, 상무처 등이 있습니다.

A : 대사관에 어떤 책임자가 있습니까?

B : 대사, 영사, 공사, 참사관, 판무관 등이 있습니다.

A : 그리고 육군무관, 해군무관, 공군무관이 있습니다.

B : 맞습니다. 또한 일등서기관, 이등서기관, 삼등서기관, 통역관이 있습니다.

Tóngzhì, wǒ shì lái bàn qiānzhèng de.
A：同志，我是来办签证的。

Nǐ yào bàn lǚxíng qiānzhèng, háishì yímín qiānzhèng.
B：你要办旅行签证，还是移民签证。

Wǒ yào bàn fǎngwèn qiānzhèng.
A：我要办访问签证。

Yǒu hùzhào hé yāoqǐngshū ma?
B：有护照和邀请书吗？

Zài zhèli.
A：在这里。

Fǎngwèn shíjiān shì shénme shíhou?
B：访问时间是什么时候？

Shì zhègeyuè zhōngxún dào xiàgeyuè chū de.
A：是这个月中旬到下个月初的。

Qǐng guò liǎngtiān lái qù ba.
B：请过两天来取吧。

어휘
1. 签证　qiānzhèng　名 비자
2. 旅行签证　lǚxíng qiānzhèng　名 여행비자
3. 移民签证　yímín qiānzhèng　名 이민비자
4. 访问签证　fǎngwèn qiānzhèng　名 방문비자
5. 护照　hùzhào　名 여권
6. 邀请书　yāoqǐngshū　名 초청장
7. 具体　jùtǐ　形 구체적이다
8. 麻烦　máfan　形 귀찮다, 성가시다, 번거롭다　動 귀찮게 하다, 성가시게 굴다
9. 没什么　méishénme　아무것도 아니다, 별것 아니다, 상관없다, 괜찮다

Qǐng jùtǐ jiǎng shénme shíhou lái ná.
A : 请具体讲什么时候来拿。

Zhè xīngqī wǔ lái qǔ ba.
B : 这星期 5 来取吧。

Máfan nín le.
A : 麻烦您了。

Méishénme.
B : 没什么。

본문해석

A : 여보세요, 나는 비자를 만들려고 합니다.

B : 당신은 여행비자를 만들려고 합니까, 이민비자를 만들려고 합니까?

A : 나는 방문비자를 만들려고 합니다.

B : 여권과 초청장이 있습니까?

A : 여기에 있습니다.

B : 방문시간은 언제입니까?

A : 이달 중순부터 다음달 초까지입니다.

B : 이틀 지나서 오십시오.

A : 언제 가져갈 것인지 구체적으로 말씀해 주십시오.

B : 이번주 금요일에 오셔서 찾아가십시오.

A : 실례 많았습니다.

B : 별말씀을요.

Nǐ zěnme jīntiān dài le yǎnjìng?
A : 你怎么今天戴了眼镜？

Wǒ yuánlái yǎnjīng bù hǎo, suǒyǐ pèi le yíge yǎnjìng.
B : 我原来眼睛不好，所以配了一个眼镜。

Nǐ shì jìnshìyǎn ma?
A : 你是近视眼吗？

Duì.
B : 对。

Lìhai ma?
A : 厉害吗？

Bú tài lìhai, dàn wèile bǎohù yǎnjīng, suǒyǐ dài le yǎnjìng.
B : 不太厉害，但为了保护眼睛，所以戴了眼镜。

어휘

1. 眼镜　yǎnjìng　名 안경
2. 眼睛　yǎnjīng　名 눈
3. 配　pèi　動 맞추다, 끼워넣다, 채워넣다
4. 近视眼　jìnshìyǎn　名 근시안
5. 厉害　lìhāi　形 사납다, 무섭다, 심하다, 대단하다, 지독하다
6. 为了　wèile　前 ～를 위하여(목적을 나타냄)
7. 保护　bǎohù　名動 보호(하다)
8. 验光　yànguāng　動 시력을 검사하다, 안경의 도수를 맞추다
9. 根据　gēnjù　動 근거하다, 의거하다, 따르다
10. 镜子　jìngzi　名 안경, 거울
11. 镜框　jìngkuàng　名 안경테
12. 镜片　jìngpiàn　名 렌즈
13. 喜欢　xǐhuan　動 좋아하다, 호감을 가지다, 마음에 들다
14. 副　fù　量 조, 벌, 쌍(한벌, 한쌍으로 되어 있는 물건에 쓰임)

A : Pèi yǎnjìng de shíhou, yànguāng le ma?
配眼镜的时候，验光了吗？

B : Duì, mǎi de shíhou, xiān děi yànguāng, gēnjù qíngkuàng gěi pèi jìngzi.
对，买的时候，先得验光，根据情况给配镜子。

A : Jìngkuàng, jìngpiàn zìjǐ kěyǐ suíbiàn tiāo ma?
镜框，镜片自己可以随便挑吗？

B : Yǒu hěnduō zhǒng, nǐ rúguǒ pèi dehuà, kěyǐ pèi zìjǐ xǐhuan de jìngzi.
有很多种，你如果配的话，可以配自己喜欢的镜子。

A : Guò xiē rì zi, wǒ yě gāi pèi yí fù yǎnjìng le.
过些日子，我也该配一副眼镜了。

본문해석

A : 당신 어째서 오늘 안경을 착용했습니까?

B : 저는 원래 눈이 좋지 않아서, 안경을 맞추었습니다.

A : 당신은 근시입니까?

B : 그렇습니다.

A : 심합니까?

B : 그다지 심하지 않지만, 눈을 보호하기 위해서 안경을 맞추었습니다.

A : 안경 맞출 때, 시력검사를 했습니까?

B : 살 때는 먼저 시력검사를 해야 상황에 따라서 안경을 맞추어 줍니다.

A : 안경테와 렌즈는 자기 마음대로 고를 수 있습니까?

B : 여러 종류가 있기에 만약 당신이 맞추려고 한다면, 자기가 좋아하는 모양으로 맞출 수 있습니다.

A : 며칠 지나서 저도 한 개를 맞추어야겠습니다.

A：（大夫）下一个，你哪儿不舒服？
(dàifu) Xià yíge, nǐ nǎr bù shūfu?

B：大夫我前天受凉了，从昨天开始浑身发冷，吃不下东西。
Dàifu wǒ qiántiān shòuliáng le, cóng zuótiān kāishǐ húnshēn fālěng, chī bu xià dōngxi.

A：头疼吗？
Tóuténg ma?

B：不疼，有一点晕。
Bù téng, yǒu yìdiǎn yūn.

A：把手伸过来，让我按一下你的脉膊。
Bǎ shǒu shēn guolái, ràng wǒ àn yíxià nǐ de màibó.

B：医生不要紧吧。
Yīsheng bú yào jǐn ba.

A：我给你开一个中药方子，吃了以后就会好的。
Wǒ gěi nǐ kāi yíge zhōngyào fāngzi, chī le yǐhòu jiù huì hǎo de.

어휘

1. **大夫** dàifu 名 의사
2. **受凉** shòuliáng 动 감기에 걸리다
3. **开始** kāishǐ 动 시작하다, 착수하다
4. **浑身** húnshēn 名 온몸, 전신
5. **头疼** tóuténg 名 두통 形 머리가 아프다
6. **晕** yūn 形 (머리가)어지럽다
7. **按** àn 动 누르다
8. **脉膊** màibó 名 맥박
9. **中药** zhōngyào 名 한약, 중국의 약
10. **抓药** zhuāyào 动 (한약방에서)약을 짓다
11. **药方** yàofāng 名 처방, 처방전, 약방문
12. **药罐** yàoguàn 名 약탕기, 약탕관
13. **煮** zhǔ 动 끓이다
14. **服** fú 动 (약을)먹다

Tóngzhì, wǒ yào zhuāyào, zhè shì yàofāng.
B : 同志，我要抓药，这是药方。

Nǐ shāoděng yíxià.
C : 你稍等一下。

Zhè yào zěnme chī?
B : 这药怎么吃？

Yòng yàoguàn bǎ yào zhǔ hǎo hòu, yìtiān fú sāncì, měicì, yì xiǎo wǎn jiù
C : 用药罐把药煮好后，一天服三次，每次一小碗就

xíng le.
行了。

본문해석

A : (의사) 다음, 당신은 어디가 불편하십니까?

B : 의사 선생님, 저는 그저께 감기에 걸렸는데 어제부터 온몸이 떨리고 음식도 먹을 수 없습니다.

A : 머리가 아픕니까?

B : 아프지는 않습니다만, 약간 어지럽습니다.

A : 손을 뻗어 보십시오. 당신의 맥박을 짚어보겠습니다.

B : 의사 선생님, 심하진 않죠?

A : 제가 당신께 한약 처방을 해드리겠습니다. 드시면 곧 좋아질 것입니다.

B : 여보세요, 저는 약을 지으려 하는데 이것이 처방전입니다.

C : 잠깐만 기다리십시오.

B : 이 약은 어떻게 먹습니까?

C : 약탕기로 약을 잘 끓인 후 하루 3번 복용하는데, 매번 작은 그릇 한 대접이면 됩니다.

泻肚子	xièdùzi	설사(를 하다)
消化不良	xiāohuà bùliáng	소화불량
食欲不振	shíyù búzhèn	식욕부진
恶心	ěxīn	메스꺼움
呕吐	ǒutù	토하다
气喘	qìchuǎn	숨이 차다
头晕	tóuyūn	어지럽다
耳鸣	ěrmíng	귀에서 소리가 나다
心慌, 心悸	xīnhuāng, xīnjì	가슴이 뛰다
痰多	tán duō	가래가 많다
咳嗽	késou	기침이 난다
发烧	fāshāo	열이 있다
小便发黄	xiǎobiàn fāhuáng	소변의 색깔이 노랗다
发炎	fāyán	염증을 일으키다
肠鸣	chángmíng	배에서 소리가 나다
血压高(低)	xuèyā gāo(dī)	혈압이 높다(낮다)
肚子疼	dùziténg	복통
头疼	tóuténg	두통
肠炎	chángyán	장염
胃炎	wèiyán	위염
肝炎	gānyán	간장염
肾炎	shènyán	신장염
痢疾	lìji	이질
疟疾	nüèji	말라리아
蛔虫	huíchóng	회충
败血症	bàixuèzhèng	패혈증
心脏病	xīnzàngbìng	심장병

肺结核	fèijiéhé	폐결핵
气管炎	qìguǎnyán	기관지염
癌	ái	암
阑尾炎	lánwěiyán	충수염
精神病	jīngshénbìng	정신병
妇女病	fùnǚbìng	부인병
脑震荡	nǎozhèndàng	뇌진탕
关节炎	guānjiéyán	관절염
骨折	gǔzhé	골절
过敏	guòmǐn	알레르기
中毒	zhòngdú	중독
冻伤	dòngshāng	동상
皮炎	píyán	피부염
癣	xuǎn	버짐
脚气, 香港脚	jiǎoqì, xiānggǎngjiǎo	무좀
夜盲症	yèmángzhèng	야맹증
近视	jìnshì	근시
痔疮	zhìchuāng	치질
便秘	biànmì	변비
感冒	gǎnmào	감기
扁桃腺炎	biǎntáoxiànyán	편도선염
化脓	huànóng	화농
感染	gǎnrǎn	감염
病毒	bìngdú	바이러스
爱滋病	àizībìng	에이즈(AIDS)

Āi, Lǐ xiānsheng, wǒ gāngcái bǎ yàoshi fàng zài nǎr le?
A：唉，李先生，我刚才把钥匙放在哪儿了？

Nǐ bú shì zhuāng zài kǒudài li le ma?
B：你不是装在口袋里了吗？

Wǒ yě jì de shì zhèyàng, nǐ kàn xiànzài zěnme méiyǒu le?
A：我也记得是这样，你看现在怎么没有了？

Shìbushì diū le?
B：是不是丢了？

Jiùshì, wǒ yě shuō bu shàng.
A：就是，我也说不上。

Nǐ jiù zhè yìbǎ yàoshi ma?
B：你就这一把钥匙吗？

Bù, wǒ àiren yě yǒu yìbǎ.
A：不，我爱人也有一把。

Nà bú yào jǐn, qù pèi yìbǎ yàoshi bú jiù xíng le ma?
B：那不要紧，去配一把钥匙不就行了吗？

Pèi yì bǎ duōshao qián?
A：配一把多少钱？

Duō shao qián wǒ bù zhī dào, wǒ xiǎng hěn piányi.
B：多少钱我不知道，我想很便宜。

어휘

1. 装　zhuāng　動　(물품을)담다, (화물을)싣다, 채워넣다
2. 记　jì　動　기억하다, 암기하다
3. 丢　diū　動　잃다, 없애다
4. 把　bǎ　量　자루가 있는 기구를 세는 양사
5. 爱人　àiren　名　남편 또는 아내, 애인

본문해석

A : 아, 이 선생, 제가 방금 열쇠를 어디에 두었습니까?

B : 당신은 주머니에 넣어두지 않았습니까?

A : 저도 그렇게 기억하는데, 당신 보세요, 지금 어째서 없을까요?

B : 잃어버린 것이 아닙니까?

A : 글쎄 저도 단언할 수 없습니다.

B : 당신은 이 열쇠 한 개뿐입니까?

A : 아닙니다. 제 아내도 한 개 있습니다.

B : 그러면 걱정하실 필요없습니다. 가서 한 개 맞추시면 되지 않겠습니까?

A : 한 개 맞추는 데 얼마입니까?

B : 얼마인지 저도 잘 모르지만 매우 싸다고 생각합니다.

KEY POINT

❋ 呢

呢는 어기조사로 진행·지속·어기 등의 의미로 쓰이나, 의문형에서는 「~지요?」라는 뜻으로 쓰이고, 말을 돌려 물을 때에는 「~는요?」라는 뜻으로 쓰인다.

她听录音呢。

(그녀는 녹음을 듣고 있다)

谁知道呢?

(누가 알지요?)

我不去, 你呢?

(나는 안 가요, 당신은요?)

Nǐ jiāntiān qù nǎr le, wǒ zěnme yě zhǎo bu zháo nǐ?

A：你今天去哪儿了，我怎么也找不着你？

Wǒ qù yuèlǎnshì kàn shū le.

B：我去阅览室看书了。

Yuèlǎnshì li rén duō ma?

A：阅览室里人多吗？

Jīntiān bù zhīdào zěnme de, rén bú tài duō.

B：今天不知道怎么的，人不太多。

Yuèlǎnshì li shū duō ma?

A：阅览室里书多吗？

Shū tèbié duō, nèiróng yě shífēn fēngfù.

B：书特别多，内容也十分丰富。

Yào jièshūzhèng ma?

A：要借书证吗？

Dāngrán yào.

B：当然要。

어휘

1. 找不着　zhǎo bu zháo　動　찾을 수 없다
2. 阅览室　yuèlǎnshì　名　열람실
3. 看书　kàn shū　動　책을 읽다
4. 特别　tèbié　副　특히, 아주
5. 内容　nèiróng　名　내용
6. 十分　shífēn　副　십분, 매우, 대단히, 충분히
7. 丰富　fēngfù　形　풍부하다, 많다
8. 借书证　jièshūzhèng　名　도서대출증
9. 交　jiāo　動　내다, 제출하다

Nǐ kàn wǒ dào xiànzài hái méi bàn jièshūzhèng ne?
A : 你看我到现在还没办借书证呢？

Nǐ bàn xuésheng jièshūzhèng jiù xíng le.
B : 你办学生借书证就行了。

Yào jiāo duōshao qián?
A : 要交多少钱？

Jiāo de bù duō.
B : 交的不多。

본문해석

A : 당신 오늘 어디에 가셨기에 제가 아무리 찾아도 찾지 못했을까
　　요?

B : 저는 열람실에 가서 책을 보았습니다.

A : 열람실에 사람이 많습니까?

B : 오늘은 어떻게 된 일인지 모르겠지만 사람이 그다지 많지 않습
　　니다.

A : 열람실에 책이 많습니까?

B : 책은 매우 많고, 내용도 매우 풍부합니다.

A : 도서대출증이 필요합니까?

B : 당연히 필요합니다.

A : 저는 지금까지 도서대출증을 만들지 못했습니다.

B : 당신은 학생 도서대출증을 만들면 됩니다.

A : 얼마를 내야 합니까?

B : 많이 내지 않습니다.

Nǐ jīntiān zěnme le?
A：你今天怎么了？

Wǒ tóu yǒu diǎn yūn.
B：我头有点晕。

Shìbushì, dōngxi méi chī hǎo?
A：是不是，东西没吃好？

Wǒ yě bù zhīdào.
B：我也不知道。

Cóng shénme shíhou kāishǐ de?
A：从什么时候开始的？

Zuó wǎn.
B：昨晚。

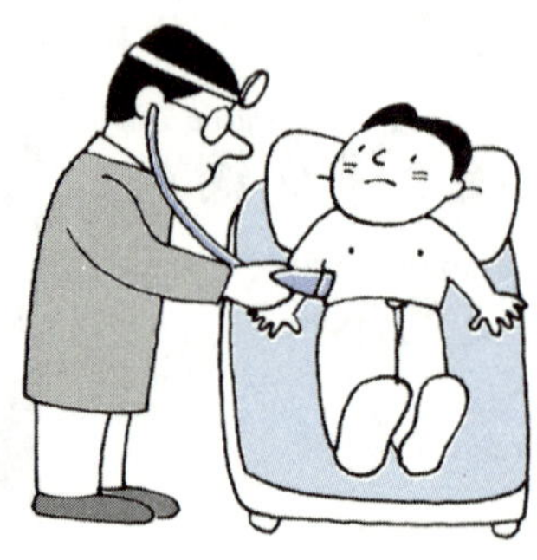

Nǐ fāshāo le, wǒ gěi nǐ liáng yíxià tǐwēn.
A：你发烧了，我给你量一下体温。

Shāo de lìhai ma?
B：烧得厉害吗？

Dào sānshíjiǔ dù qī, nǐ jīntiān yīnggāi huíjiā hǎohao xiūxi xiūxi.
A：到39度7，你今天应该回家好好休息休息。

Bú shì dà bìng ba?
B：不是大病吧？

Duì, xiūxi yíxià jiù huì hǎo de.
A：对，休息一下就会好的。

어휘 1. 头晕 tóu yūn 형 머리가 아찔하다, 어지럽다
2. 东西 dōngxi 명 물품, 물건, 음식
3. 吃 chī 동 먹다, 마시다
4. 发烧 fāshāo 동 열이 나다   5. 体温 tǐwēn 명 체온
6. 病 bìng 명 병 동 병나다, 앓다

본문해석

A : 당신 오늘 어떻게 된 일입니까?

B : 머리가 약간 어지럽습니다.

A : 입맛이 없으십니까?

B : 저도 모르겠습니다.

A : 언제부터 그러십니까?

B : 어젯저녁부터입니다.

A : 열이 나는군요. 제가 체온을 재드리겠습니다.

B : 열이 심합니까?

A : 39도 7분입니다. 오늘 돌아가셔서 잘 쉬셔야 하겠습니다.

B : 큰병은 아니겠지요?

A : 그렇습니다. 좀 쉬시면 곧 좋아질 것입니다.

KEY POINT

✳ **在, 正在**

在와 正在가 동사 앞에 사용되면 모두 시간부사로서, 동작이 진행 중임을 설명한다. 상용되는 형식은 '~在(正在)+동사~'이다. 만약 在의 앞에 不를 붙이면 부정형식이 된다. 正在의 앞에 不를 붙이면 반문의 어기를 지니며 의미는 여전히 긍정적이다.

他**在**吃饭呢。 (그는 밥을 먹고 있다)

他**正在**吃饭呢。 (그는 마침 밥을 먹고 있다)

Wǒ yào dēngjì zhù bīnguǎn.
A：我要登记住宾馆。

Qǐng kàn yíxià nín de hùzhào.
B：请看一下您的护照。

Zài zhèr.
A：在这儿

Shì Hánguó màoyì dàibiǎotuán de chéngyuán, duì ma?
B：是韩国贸易代表团的成员，对吗？

Shì de.
A：是的。

Nǐ yào zhōng shì fáng, háishi xī shì fáng.
B：你要中式房，还是西式房。

Nǐ kàn zhe bàn ba.
A：你看着办吧。

Wǒ gěi nǐ kāi yíge wǔ lóu de fángzi, zěnmeyàng?
B：我给你开一个 5 楼的房子，怎么样？

Qǐng suíbiàn.
A：请随便。

Zhè shì fángjiān yàoshi, zuǒ biān yǒu diàntī.
B：这是房间钥匙，左边有电梯。

Zhèli bànlǐ yóuzhèng yèwù ma?
A：这里办理邮政业务吗？

어휘

1. **登记** dēngjì 名動 등록(하다)	2. **宾馆** bīnguǎn 名 호텔
3. **成员** chéngyuán 名 구성인원	4. **办理** bànlǐ 動 처리하다
5. **邮政** yóuzhèng 名 우편행정	6. **业务** yèwù 名 업무, 일
7. **旅游** lǚyóu 名動 여행(하다)	8. **飞机** fēijī 名 비행기
9. **电传** diànchuán 名 팩시	10. **餐厅** cāntīng 名 식당

Wǒmen zhèli bànlǐ yíqiè yǔ lǚyóu yǒuguān de shì, rú gěi dìng fēijī

B: 我们这里办理一切与旅游有关的事，如给订飞机

piào, duìhuàn wàibì, bànlǐ diànchuán, yóuzhèng yèwù.

票，兑换外币，办理电传，邮政业务。

Cāntīng zài nǎr?

A: 餐厅在哪儿？

zài zhè dòng lóu de zuì dìngshàng

B: 在这栋楼的最顶上。

본문해석

A : 저는 호텔에 머무르려고 합니다.

B : 당신의 여권을 보여주십시오.

A : 여기 있습니다.

B : 한국 무역대표단의 일원이 맞습니까?

A : 그렇습니다.

B : 당신은 동양식 방을 원하십니까, 서양식 방을 원하십니까?

A : 알아서 해주십시오.

B : 제가 당신께 5층의 방을 드리겠습니다. 어떻습니까?

A : 알아서 하십시오.

B : 이것은 방열쇠이고, 좌측에 엘리베이터가 있습니다.

A : 이곳에서는 우체업무를 합니까?

B : 이곳에서는 모든 여행과 관련된 일을 합니다. 예를 들어 비행기
표를 예약해 주고 외화를 환전해 주고 팩시를 처리해 주고, 우
체업무도 합니다.

A : 식당은 어디에 있습니까?

B : 이 건물 제일 위층에 있습니다.

호텔과 관련된 어휘

饭店	fàndiàn	호텔
饭店服务台	fàndiàn fúwùtái	프론트
大厅	dàtīng	홀
门厅	méntīng	로비
单人房间(床)	dānrén fángjiān (chuáng)	싱글룸(베드)
双人房间(床)	shuāngrén fángjiān (chuáng)	트윈룸(베드)
房间	fángjiān	방
预订	yùdìng	예약하다
房费	fángfèi	객실요금, 방값
费用	fèiyòng	요금
预付	yùfù	선불
换钱(兑换)	huànqián [duìhuàn]	환전[체인지]
住址	zhùzhǐ	주소
姓名	xìngmíng	성명
厕所	cèsuǒ	화장실
洗澡间	xǐzǎojiān	욕실
餐厅	cāntīng	식당, 레스토랑
咖啡店	kāfēidiàn	커피숍
中餐	zhōngcān	중국요리
西餐	xīcān	서양요리
韩国菜	hánguócài	한국요리
电梯	diàntī	엘리베이터
电动扶梯	diàndòng fútī	에스컬레이터
楼梯	lóutī	계단
一楼	yìlóu	1층
两层楼	liǎngcéng lóu	2층집

太平门	tàipíngmén	비상구
账单	zhàngdān	계산서
服务费	fúwùfèi	서비스료
小费	xiǎofèi	팁
经理	jīnglǐ	지배인
(男·女)服务员	(nán, nǚ)fúwùyuán	호텔종업원
要洗的衣服	yào xǐ de yīfu	세탁물
保管	bàoguǎn	보관
毛巾	máojīn	타월
肥皂	féizào	비누
牙膏	yágāo	치약
牙刷	yáshuā	칫솔
叫醒服务	jiàoxǐng fúwù	모닝콜 서비스
退房间	tuìfángjiān	체크아웃

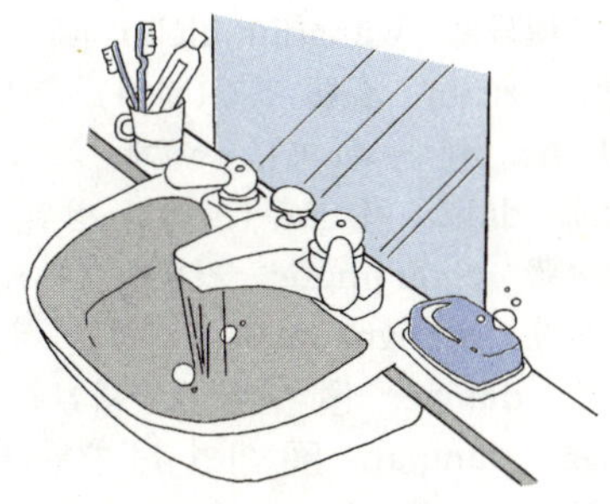

Nǐ zuìjìn chángqù nǎr? Wǒ dǎ le jǐcì diànhuà, nǐ dōu bú zài.
A : 你最近常去哪儿？我打了几次电话，你都不在。

Wǒ zuìjìn qù cānjiā wǎngqiú jùlèbù, suǒyǐ cháng bú zài jiā.
B : 我最近去参加网球俱乐部，所以常不在家。

Shì nǐ zǔzhī de ma?
A : 是你组织的吗？

Búshì, wǒ hé dàjiā yìqǐ bàn de.
B : 不是，我和大家一起办的。

Zìjǐ chōu jīngfèi bàn de ma?
A : 自己抽经费办的吗？

Duì, dàn xiànzài jīngfèi yǒudiǎn bú gòu, zhēn shāngnǎojīn?
B : 对，但现在经费有点不够，真伤脑筋。

Qǐng bié de dānwèi juān yìdiǎn qián ma!
A : 请别的单位捐一点钱嘛！

어휘

1. **打电话**　dǎ diànhuà　전화를 걸다
2. **网球俱乐部**　wǎngqiú jùlèbù　名 테니스 클럽
3. **组织**　zǔzhī　名動 조직(하다), 구성(하다)
4. **和**　hé　前 ～과[와], ～에게
5. **大家**　dàjiā　代 모두(일정한 범위 내의 모든 사람을 가리킴)
6. **抽经费**　chōu jīngfèi　경비를 내다
7. **伤脑筋**　shāngnǎojīn　골머리[골치]를 앓다
8. **单位**　dānwèi　名 단위, (단체기관 등의)단위, 직장
9. **捐钱**　juānqián　名 의연금, 기부금　動 돈을 기부하다
10. **跑**　pǎo　動 어떤 일을 위해 뛰어다니다
11. **愿意**　yuànyi　助動 ～하기를 바라다　動 희망하다
12. **事到如今**　shìdào rújīn　일이 이렇게 되다, 일이 이 지경에 이르다

Pǎo le hěnduō dìfang, dàn dōu bú yuànyi chū qián.
B : 跑了很多地方，但都不愿意出钱。

Rúguǒ shì nàyàng, hái kěyǐ xiǎng bié de bànfǎ.
A : 如果是那样，还可以想别的办法。

Shìdào rújīn yǒu shénme bànfǎ ne?
B : 事到如今有什么办法呢？

본문해석

A : 당신 요즘 어디 자주 갑니까? 제가 여러 번 전화했는데, 매번 안 계셨습니다.

B : 저는 최근 테니스 클럽에 참가했습니다. 그래서 항상 집에 없습니다.

A : 당신이 조직한 것입니까?

B : 아닙니다. 저와 모두가 함께 만든 것입니다.

A : 자신이 경비를 내서 만든 것입니까?

B : 그렇습니다. 그러나 현재 경비가 약간 부족해서 정말로 골치가 아픕니다.

A : 다른 직장에 약간의 기부금을 청하지요!

B : 여러 군데 돌아다녀 봤지만 모두 돈을 내려고 하지 않습니다.

A : 만일 이렇다면, 또 다른 방법을 생각할 수 있습니다.

B : 일이 이 지경에 이르렀는데 무슨 방법이 있겠습니까?

Yīshēng, wǒ jīntiān zǒu lù bù xiǎoxīn bǎ jiǎo niǔ le.

A：医生，我今天走路不小心把脚扭了。

Ràng wǒ kàn yíxià, āiyā, dōu zhǒng chéng zhège yàngzi le.

B：让我看一下，唉呀，都肿成这个样子了。

Dàifu, nǐ kàn zěnme ge liáofǎ.

A：大夫，你看怎么个疗法。

Fàngxīn, wǒ gěi nǐ zhā jǐzhēn, zài shuō ba.

B：放心，我给你扎几针，再说吧。

Bú yòng chīyào ma?

A：不用吃药吗？

Bú yòng. Rúguǒ zhè cì zhā de zhēn bú jiàn hǎo, míngtiān zài lái yícì.

B：不用。如果这次扎的针不见好，明天再来一次。

Yìbān zhāzhēn yǒu xiàoguǒ ma?

B：一般扎针有效果吗？

Yǒu shí bǐ chīyào hái yào líng, hǎo, nǐ huíjiā de shíhou yào mànman zǒu,

A：有时比吃药还要灵，好，你回家的时候要慢慢走，

bùrán dehuà huì gèng huài de.

不然的话会更坏的。

어휘　1. 医生　yīshēng　名 의사　　2. 脚　jiǎo　名 발

3. 扭　niǔ　動 (발목 따위를) 삐다

4. 肿　zhǒng　動 붓다, 부어오르다

5. 疗法　liáofǎ　名 요법

6. 放心　fàngxīn　動 마음을 놓다, 안심하다

7. 扎针　zhāzhēn　動 침을 놓다

8. 效果　xiàoguǒ　名 효과　　9. 更　gèng　副 더욱, 한층 더

본문해석

A : 의사 선생님, 저는 오늘 길을 가다 조심하지 않아서 발을 삐었습니다.

B : 제가 좀 보겠습니다. 야아, 부어서 이 모양이 되었군요.

A : 의사 선생님, 당신 보기에 어떻게 치료하면 될까요?

B : 마음 놓으십시오. 제가 당신께 침을 몇 번 놓고, 다시 이야기합시다.

A : 약은 먹을 필요없습니까?

B : 필요없습니다. 만일 이번에 침을 맞고 낫지 않으면, 내일 다시 한번 오십시오.

A : 보통 침을 맞으면 효과가 있습니까?

B : 어떤 때는 약을 먹는 것보다 잘 듣습니다. 됐습니다. 집에 돌아 가실 때 천천히 걸어가셔야지 그렇지 않으면 더 나빠질 것입니다.

KEY POINT

✳ **再**

부사 再는 같은 동작의 중복을 나타낸다. 거기에는 두 가지의 경우가 있는데, 하나는 이미 행해진 일을 지금부터 다시 중복하여 행하는 경우이고, 다른 하나는 과거에 행하려고 했지만, 어떤 조건으로 인해 행하지 못한 것을 지금부터 한다고 하는 경우이다.

请你**再**说一遍。(다시 한번 말씀해 주십시오)

过一会儿我**再**打电话。(좀 있다가 제가 다시 전화할께요)

Zǒu, wǒmen qù hē yì bēi.
A：走，我们去喝一杯。

Dào nǎr qù?
B：到哪儿去？

Suíbiàn zhǎo ge "dāpéng xiǎojiǔ chē" hē he ba.
A：随便找个"搭篷小酒车"喝喝吧。

Qǐng jìn.
C：请进。

Nǐ zhèr yǒu shénme jiǔ?
A：你这儿有什么酒？

Píjiǔ, shāojiǔ, mǐjiǔ dōu yǒu.
C：啤酒，烧酒，米酒都有。

Lái yì píng gāoliangjiǔ ba.
A：来1瓶高粱酒吧。

Hǎo, lái le.
C：好，来了。

Yǒu shénme xià jiǔ de cài?
A：有什么下酒的菜？

Nǐ kàn jī, yú, hǎishēn, nǐ yào shénme?
C：你看鸡，鱼，海参，你要什么？

어휘
1. 杯 bēi 量 잔　　2. 搭篷小酒车 dāpéng xiǎojiǔchē 포장마차
3. 啤酒 píjiǔ 名 맥주　　4. 烧酒 shāojiǔ 名 소주
5. 米酒 mǐjiǔ 名 막걸리　　6. 高粱酒 gāoliāngjiǔ 名 고량주
7. 下酒 xiàjiǔ 動 (안주를 곁들여)술을 마시다 名 술안주
8. 鸡 jī 名 닭　　9. 鱼 yú 名 생선
10. 海参 hǎishēn 名 해삼　　11. 稍 shāo 副 잠시, 잠깐, 약간
12. 马上 mǎshàng 副 곧, 즉시

Lái yíge shēng qiè hǎishēn ba.

A : 来一个生切海参吧。

Qǐng shāoděng, wǒ mǎshàng zhǔnbèi.

B : 请稍等，我马上准备。

본문해석

A : 갑시다. 우리 한잔 하러 갑시다.

B : 어디로 갈까요?

A : 그냥 포장마차나 가서 마십시다.

C : 들어오십시오.

B : 이곳에는 어떤 술이 있습니까?

C : 맥주, 소주, 막걸리 모두 있습니다.

A : 고량주 한 병 주십시오.

C : 좋습니다. 여기 나왔습니다.

B : 어떤 술안주가 있습니까?

C : 닭, 생선, 해삼, 무엇을 드시겠습니까?

A : 해삼 좀 썰어 주십시오.

C : 잠깐만 기다리십시오. 저는 곧 준비하겠습니다.

KEY POINT

✱ 马上

马上은 시간을 나타내는 부사이다. 자주 동사 혹은 형용사의 앞에 사용되어 동작, 사건이 장차 곧 발생하거나 혹은 하나의 동작이 앞의 동작에 밀착되어 발생함을 설명한다. 때로는 就와 함께 연결되어 사용되기도 하는데 이때 어감은 더욱 강해진다.

我们**马上**就动手。 (우리는 곧 일을 시작할 것이다)

Wáng xiānshēng, gěi.
A：王先生，给。

Zhè shi shén me?
B：这是什么？

Shì jiéhūn qǐngtiě.
A：是结婚请帖。

Nǐ nǎ yìtiān bàn xǐshì?
B：你哪一天办喜事？

Zhè xīngqitiān.
A：这星期天。

Zhè yícì zǒngsuàn hē shang nǐ de xǐ jiǔ le.
B：这一次总算喝上你的喜酒了。

Suǒyǐ wǒ jīntiān tèdì lái qǐng nǐ.
A：所以我今天特地来请你。

Shì zìyóu liànài, jiéhūn ma?
B：是自由恋爱，结婚吗？

어휘
1. **结婚请帖**　jiéhūn qǐngtiě　图　결혼청첩장
2. **办喜事**　bàn xǐshì　결혼식을 올리다
3. **总算**　zǒngsuàn　副　겨우, 간신히, 마침내, 드디어
4. **喜酒**　xǐjiǔ　图　결혼축하주
5. **特地**　tèdì　副　특별히, 일부러
6. **自由恋爱**　zìyóu liànài　图　자유연애
7. **通过**　tōngguò　动　~을 통하다, ~에 의하다
8. **熟人**　shúrén　图　잘 알고 있는 사람, 단골손님
9. **做媒**　zuòméi　动　중매하다
10. **相亲**　xiāngqīn　动　선보다, 서로 친밀히 지내다

Bú shì, tōngguò shúrén zuò de méi.
A : 不是，通过熟人做的媒。

Shénme shíhou xiāng de qīn?
B : 什么时候相的亲？

Yì nián qián xiāng de qīn.
A : 一年前相的亲。

본문해석

A : 왕 선생, 받으십시오.

B : 이것은 무엇입니까?

A : 결혼청첩장입니다.

B : 당신 언제 결혼하십니까?

A : 이번주 일요일입니다.

B : 이번에 드디어 당신의 결혼주를 마시게 되는군요.

A : 그러니까 제가 오늘 특별히 당신을 초청하러 왔습니다.

B : 자유연애 결혼입니까?

A : 아닙니다. 아는 사람의 중매를 통한 것입니다.

B : 언제 선보셨습니까?

A : 일년 전에 선을 보았습니다.

Nǐ xiànzài kǒu li chī de shénme?
A：你现在口里吃的什么？

Nǐ cāi yíxià, wǒ zuǐ li chī de shénme?
B：你猜一下，我嘴里吃的什么？

Shì kǒuxiāngtáng ma?
A：是口香糖吗？

Duì, wǒ kǒu li jiáo de shì kǒuxiāngtáng.
B：对，我口里嚼的是口香糖。

Wǒ dào Hánguó lái, kàn dào rén dàochù dōu chī kǒuxiāngtáng, wǒ juéde hěn
A：我到韩国来，看到人到处都吃口香糖，我觉得很

qíguài.
奇怪。

Zhè bìng méiyǒu shénme qíguài de, hánguórén zài shítáng chī wánfàn hou, shí
B：这并没有什么奇怪的，韩国人在食堂吃完饭后，食

táng jiù gěi kǒuxiāngtáng.
堂就给口香糖。

어휘

1. 嘴　zuǐ　图　입, 부리, 주둥이
2. 口香糖　kǒuxiāngtáng　图　껌
3. 嚼　jiáo　動　씹다
4. 到处　dàochù　图　도처, 이르는 곳, 곳곳
5. 奇怪　qíguài　形　괴상하다, 괴이하다, 기괴하다
6. 并　bìng　副　결코, 조금도, 전혀, 그다지, 별로
7. 食堂　shítáng　图　식당, 음식점
8. 普遍　pǔbiàn　形　보편적이다, 널리 퍼져 있다

Zài Zhōngguó yìbān dàrén bù chī kǒuxiāngtáng.
A : 在中国一般大人不吃口香糖。

Shì ma? Wǒ dì yícì tīngshuō.
B : 是吗？我第一次听说。

Zài Zhōngguó zhǐyǒu xiǎoháizi cái chī zhè dōngxi.
A : 在中国只有小孩子才吃这东西。

Zài wǒmen zhèli pǔbiàn dōu chī zhège.
B : 在我们这里普遍都吃这个。

본문해석

A : 당신 지금 먹는 것은 무엇입니까?

B : 제가 무엇을 먹는지 맞춰보십시오?

A : 껌입니까?

B : 맞습니다. 제가 입속에 씹고 있는 것은 껌입니다.

A : 제가 한국에 와서 보니까, 사람들이 어디서나 껌을 씹는데 제가
    느끼기에 매우 이상합니다.

B : 이것은 결코 이상할 것이 없는데, 한국인은 식당에서 식사한 후
    식당에서 껌을 줍니다.

A : 중국에서는 보통 성인들은 껌을 씹지 않습니다.

B : 그렇습니까? 저는 처음 들었습니다.

A : 중국에서는 단지 어린이들만이 이런 것을 씹습니다.

B : 우리 이곳에서는 보편적으로 모두 껌을 씹습니다.

Nǐ zuótiān xiàkè yǐhòu qù nǎr le?
A：你昨天下课以后去哪儿了？

Wǒmen xì yǒu yíge huódòng, wǒ qù cānjiā le.
B：我们系有一个活动，我去参加了。

Shénme húodòng?
A：什么活动？

Pái jiémù.
B：排节目。

Wèishénme pái jiémù?
A：为什么排节目？

Zuìjìn yǒu yíge dàxíng wényì huódòng, wǒmen xì yào cānjiā.
B：最近有一个大型文艺活动，我们系要参加。

Nǐ dānrèn de shì shénme juésè?
A：你担任的是什么角色？

어휘

1. 下课　xiàkè　動　수업이 끝나다, 수업을 마치다
2. 参加　cānjiā　動　(어떤 모임이나 일에)참가하다, 참여하다
3. 排节目　pái jiémù　動　무대연습을 하다
4. 大型　dàxíng　形　대형의
5. 文艺活动　wényì huódòng　名　문예, 예술 따위의 공연
6. 担任　dānrèn　動　맡다, 담당하다
7. 角色　juésè　名　배역
8. 戏　xì　名　연극, 극
9. 主人公　zhǔréngōng　名　(문학작품·연극 따위의)주인공
10. 辅导　fǔdǎo　動　(학습·훈련 등을)도우며 지도하다
11. 教授　jiàoshòu　名　(대학의)교수
12. 公演　gōngyǎn　名動　공연(하다), 상연(하다)
13. 招待券　zhāodàiquàn　名　초대권

B: Shì zhè xì de zhǔréngōng.
是这戏的主人公。

A: Yǒu shuí fǔdǎo?
有谁辅导？

B: Wǒ men de jiàoshòu.
我们的教授。

A: Nǐmen gōngyǎn de shíhou, bú yào wàngle qǐng wǒ.
你们公演的时候，不要忘了请我。

B: Zài yǎnchū qián, wǒ gěi nǐ sòng yìzhāng zhāodàiquàn.
在演出前，我给你送一张招待券。

본문해석

A : 당신 어제 수업이 끝난 후 어디에 가셨습니까?

B : 저희과 행사가 하나 있어서 참가했습니다.

A : 무슨 행사입니까?

B : 무대연습을 합니다.

A : 왜 무대연습을 합니까?

B : 최근 한차례 큰 문예행사가 있어, 저희 과는 참여하려고 합니다.

A : 당신이 맡은 것은 무슨 배역입니까?

B : 이 연극의 주인공입니다.

A : 누가 지도합니까?

B : 저희 교수님이 하십니다.

A : 당신들이 공연할 때 잊지 말고 저를 초대해 주십시오.

B : 공연하기 전에 제가 당신께 초대권 한 장을 보내겠습니다.

Nǐ jiāli yǎng le xiē shénme?
A：你家里养了些什么？

Yǎng le xiē huā hé yú.
B：养了些花和鱼。

Yǎng le shénme yú?
A：养了什么鱼？

Yǎng le jīnyú hé yìxiē rèdàiyú.
B：养了金鱼和一些热带鱼。

Hǎo yǎng ma?
A：好养吗？

Jīnyú bǐjiào hǎo yǎng, yìtiān gěi yìdiǎn yúshí jiù xíng le, dàn rèdài
B：金鱼比较好养，一天给一点鱼食就行了，但热带

yú bǐjiào nán yǎng, yīnwèi yào bǎochí yídìng de wēndù.
鱼比较难养，因为要保持一定的温度。

어휘

1. 养　yǎng　動　먹여 살리다, 기르다, 양육하다
2. 花　huā　名　꽃
3. 金鱼　jīnyú　名　금붕어
4. 热带鱼　rèdàiyú　名　열대어
5. 比较　bǐjiào　副　비교적
6. 鱼食　yúshí　名　미끼, 고기밥
7. 一定　yídìng　副　반드시, 필히, 꼭　形　일정하다, 규칙적이다
8. 温度　wēndù　名　온도
9. 鱼缸　yúgāng　名　어항
10. 喂　wèi　動　(동물에게)먹이를 주다
11. 只　zhī　量　마리(주로 새와 동물을 세는 단위)
12. 猫　māo　名　고양이
13. 肉　ròu　名　고기

Yǒu jǐ ge yúgāng?
A : 有几个鱼缸？

Yǒu sān ge, nǐ yǎng le xiē shénme?
B : 有 3 个，你养了些什么？

Wǒ yǎng le yìzhī māo.
A : 我养了一只猫。

Nǐ gěi māo wèi shénme?
B : 你给猫喂什么？

Wèi yìdiǎn ròu jiù xíng le.
A : 喂一点肉就行了。

본문해석

A : 당신 집은 무엇을 기릅니까?

B : 꽃과 고기를 기릅니다.

A : 어떤 고기를 기릅니까?

B : 금붕어와 약간의 열대어를 기릅니다.

A : 기르기 쉽습니까?

B : 금붕어는 비교적 기르기 쉬워 하루 약간의 먹이만 주면 되지만, 열대어는 비교적 기르기 어려운데, 일정한 온도를 유지해 주어야 하기 때문입니다.

A : 몇 개의 어항이 있습니까?

B : 세 개 있습니다. 당신은 무엇을 기릅니까?

A : 저는 고양이를 한 마리 기릅니다.

B : 당신은 고양이에게 무엇을 먹여 기릅니까?

A : 약간의 고기면 됩니다.

Wàimiàn qǐfēng le. Bǎ yīfu shōu jìnlái ba.
A：外面起风了。把衣服收进来吧。

Wǒ zǎojiù shōu jìnlái le.
B：我早就收进来了。

Zhèli shícháng guāfēng ma?
A：这里时常刮风吗？

Duì, zhe jìjié fēng zuì duō, dàfēng, xiǎofēng, kuángfēng, bàofēng jīng
B：对，这季节风最多，大风，小风，狂风，暴风经
cháng guā.
常刮。

Nǐ kàn wàimiàn guā de huángfēng zhēn dà.
A：你看外面刮的黄风真大。

Zhè zhǒng xiànxiàng shì cháng yǒu de.
B：这种现象是常有的。

Děng fēng tíng le yǐhòu, wǒmen qīngsǎo yíxià yuànzi ba.
A：等风停了以后，我们清扫一下院子吧。

어휘

1. 起风　qǐfēng　動 바람이 일다[불다]
2. 早就　zǎojiù　副 훨씬 이전에, 이미, 일찌기, 진작, 벌써
3. 时常　shícháng　副 늘 항상, 자주
4. 季节　jìjié　名 계절
5. 狂风　kuángfēng　名 광풍, 미친듯이 사납게 부는 바람
6. 清扫　qīngsǎo　動 말끔히 제거하다, 일소하다, 깨끗이 치우다
7. 树枝　shùzhī　名 나뭇가지
8. 树叶子　shùyèzi　名 나뭇잎
9. 几乎　jīhū　副 거의, 하마터면
10. 灰尘　huīchén　名 먼지
11. 旋风　xuànfēng　名 회오리바람, 선풍

(fēng tíng hòu) Nǐ kàn zhè fēng bǎ shùzhī dōu guā duàn le, hái guā diào le,

B : （风停后）你看这风把树枝都刮断了，还刮掉了

bù shǎo shùyèzi.

不少树叶子。

Xiànzài zhèzhǒng fēng jīhū tiāntiān dōu guā, yào cháng bǎ chuānghu guān hǎo, bù

A : 现在这种风几乎天天都刮，要常把窗户关好，不

rán huīchén huì jìn wūzi de.

然灰尘会进屋子的。

Nǐ kǎn yòu qǐ xuànfēngle.

B : 你看又起旋风了。

본문해석

A : 밖에 바람이 붑니다. 빨래를 거둬 오십시오.

B : 저는 이미 거둬 왔습니다.

A : 이곳은 항상 바람이 붑니까?

B : 그렇습니다. 이 계절에 바람이 가장 많아 큰바람, 작은바람, 광
풍, 폭풍이 항상 붑니다.

A : 바깥에 부는 황토바람은 정말 크군요.

B : 이런 현상은 항상 있습니다.

A : 바람이 멈춘 후에, 우리는 뜰을 청소합시다.

B : (바람이 멈춘 후) 당신 보십시오, 이 바람은 나뭇가지를 모두 끊
어버렸고 또 많은 나뭇잎을 떨어뜨렸습니다.

A : 지금 이런 바람이 거의 날마다 부는데 항상 창문을 잘 닫아야
합니다. 그렇지 않으면 먼지가 방에 들어올 것입니다.

B : 당신 보십시오, 또 회오리바람이 붑니다.

Jīntiān wǒmen qù gǎnjí ba.

A：今天我们去赶集吧。

Shénme? Zài Zhōngguó yě yǒu gǎnjí ma?

B：什么？在中国也有赶集吗？

Dāngrán yǒu, xiàng jīntiān zài jíshì shàng shénme dōuyǒu, zài nàli kěyǐ

A：当然有，象今天在集市上什么都有，在那里可以

jìnxíng zìyóu jiāoyì.

进行自由交易。

(dào shìchǎng) Zhè jíshì zhēndà, bǎitān de yě zhème duō, tài yǒu

B：（到市场）这集市真大，摆摊的也这么多，太有

yìsi le.

意思了。

Nǐ zhǐ kàn le yì xiǎobùfēn, zài wǎng qián zǒu nǐ kěyǐ kàn dào hěnduō.

A：你只看了一小部分，再往前走你可以看到很多。

Zài zhèrzùo mǎimài de tānfàn shàngshuì ma?

B：在这儿做买卖的摊贩上税吗？

Bú yòng dǎshuì, nǐ kàn nóngfù chǎnpǐn duō ba.

A：不用打税，你看农副产品多吧。

어휘

1. **赶集**　gǎnjí　動　장날 장터로 물건을 사러[팔러]가다, 장에 가다
2. **集市**　jíshì　名　(농촌이나 소도시의)정기시장, 장
3. **交易**　jiāoyì　名動　교역(하다), 거래(하다), 장사(하다)
4. **摆摊的**　bǎitān de　名　노점상
5. **往前**　wǎngqián　名　이전
6. **摊贩**　tānfàn　名　노점상인
7. **管理**　guǎnlǐ　名動　관리(하다), 관할(하다)

Xiàng zhèyàng de gǎnjí, jǐ tiān jǔxíng yícì?
B : 象这样的赶集，几天举行一次？

Měixīngqi yícì.
A : 每星期一次。

Yǒu zǔzhī xìng ma?
B : 有组织性吗？

Yǒu, háiyǒu shìchǎng guǎnlǐyuán, guǎnlǐ.
A : 有，还有市场管理员，管理。

본문해석

A : 오늘 우리 장에 갑시다.

B : 뭐라고요? 중국에도 장이 있습니까?

A : 물론 있지요. 오늘 같은 날엔 시장에 모든 것이 다 있고, 그곳에
　　서 자유교역을 할 수 있습니다.

B : (시장에 도착하였다) 이 장은 정말 크며 노점상도 이렇게 많으
　　니 매우 재미있군요.

A : 당신은 단지 일부분만 봤을 뿐이지, 다시 더 가면 더욱 많은 것
　　을 볼 수 있습니다.

B : 여기서 장사하는 노점상은 세금을 냅니까?

A : 세금은 낼 필요가 없습니다. 당신 보시기에 농산품이 많지요.

B : 이러한 시장은 며칠에 한 번씩 열립니까?

A : 매주 한 번이요.

B : 조직성이 있습니까?

A : 있습니다. 또한 시장관리원이 있어서 관리를 합니다.

Nǐ zhīdao liánhéguó zài nǎr?

A : 你知道联合国在哪儿？

Ňg, liánhéguó zǒngbù shè zài Měiguó de niǔyuē.

B : 嗯，联合国总部设在美国的纽约。

Liánhéguó de rènwu shì shénme?

A : 联合国的任务是什么？

Zhǔyào chǔlǐ dìqū fēnzhēng, bǎochí shìjiè tàipíng.

B : 主要处理地区纷争，保持世界太平。

Liánhéguó huìyuánguó duō ma?

A : 联合国会员国多吗？

Shìjiè shang dàduōshù guójiā dōu cānjiā le.

B : 世界上大多数国家都参加了。

어휘

1. 联合国　liánhéguó　名　UN, 국제연합
2. 总部　zǒngbù　名　총본부, 총사령부
3. 纽约　niǔyuē　名　뉴욕
4. 任务　rènwu　名　임무, 책무
5. 处理　chǔlǐ　動　처리하다, (문제를)해결하다
6. 纷争　fēnzhēng　名動　분쟁(하다), 분규(하다)
7. 大多数　dàduōshù　名　대다수
8. 干什么　gànshénme　무엇을 하는가?
9. 维持　wéichí　動　유지하다
10. 安理会　Ānlǐhuì　名　안전보장이사회
11. 比方　bǐfang　名　비유　接　예컨대, 가령, 비유한다면
12. 伊郎　Yīlǎng　名　이란
13. 伊拉克　Yīlākè　名　이라크
14. 调解　tiáojiě　名動　조절(하다), 조정(하다)
15. 停火　tínghuǒ　動　휴전하다, 정전하다

Liánhéguó jūn shì gànshénme de?
A : 联合国军是干什么的？

Shì yìzhī wéichí guójì hépíng de bùduì.
B : 是一支维持国际和平的部队。

Ānlǐhuì shì gànshénme de?
A : 安理会是干什么的？

Bǐfangshuō yīlǎng, yīlākè dǎ le bā nián, nàme ānlǐhuì zài zhōng
B : 比方说伊朗，伊拉克打了 8 年，那么安理会在中

jiān zuò tiáojiě tínghuǒ gōngzuò.
间做调解停火工作。

본문해석

A : 당신은 국제연합이 어디에 있는지 아십니까?

B : 네, 국제연합 본부는 미국의 뉴욕에 있습니다.

A : 국제연합의 임무는 무엇입니까?

B : 주로 지역분쟁을 처리하고, 세계평화를 유지합니다.

A : 국제연합 회원국은 많습니까?

B : 세계의 대다수 국가가 모두 참여합니다.

A : 국제연합군은 무엇을 합니까?

B : 국제평화를 유지하는 부대입니다.

A : 안전보장이사회는 무엇을 합니까?

B : 예를 들자면, 이란, 이라크가 8년간 싸웠는데, 그럼 안전보장이
사회가 중간에서 휴전(정전)을 조정하는 일을 합니다.

Yǐqián Běijīng yàyùnhuì kāide hěn bú cuò.
A : 以前北京亚运会开得很不错。

Shì de, kāide hěn lóngzhòng.
B : 是的，开得很隆重。

Nà cì yàyùnhuì yǒu duōshao ge xiàngmù?
A : 那次亚运会有多少个项目？

Yǒu èr bǎi duō ge.
B : 有二百多个。

Nà cì yàyùnhuì, Hánguó de mùbiāo shì shénme?
A : 那次亚运会，韩国的目标是什么？

Zhēngqǔ tuántǐ dì yì míng.
B : 争取团体第一名。

Tīngshuo nánběi hán zǔzhī yíge duì cānjiā, jiéguǒ zěnmeyàng le?
A : 听说南北韩组织一个队参加，结果怎么样了？

Jiéguǒ méiyǒu chéng, jù tǐ de wǒ yě shuō bu shàng shénme.
B : 结果没有成，具体的我也说不上什么。

Yàyùnhuì zài Běijīng kāi le jǐ tiān?
A : 亚运会在北京开了几天？

Dàgài bàn ge yuè.
B : 大概半个月。

어휘
1. 亚运会 yàyùnhuì 名 아시아 경기대회
2. 隆重 lóngzhòng 形 성대하다, 웅장하다
3. 项目 xiàngmù 名 항목, 사항   4. 目标 mùbiāo 名 목표
5. 争取 zhēngqǔ 動 쟁취하다, 얻다, 획득하다, 이룩하다
6. 队 duì 名 팀, 어떤 성질을 지닌 단체
7. 开 kāi 動 (모임 따위를)열다, 개최하다, 거행하다
8. 大概 dàgài 名 개략, 대강 形副 대강(의), 대충(의) 副 아마도

본문해석

A : 이전 북경 아시안게임은 훌륭하게 개최되었습니다.

B : 그렇습니다. 아주 웅장하게 치렀습니다.

A : 그때 아시안게임에는 몇 개의 종목이 있었습니까?

B : 2백여 개 종목이 있었습니다.

A : 그때 아시안게임에서 한국의 목표는 무엇이었습니까?

B : 단체 1위를 차지하는 것이었습니다.

A : 듣기로는 남북한이 한 개의 팀을 조직하여 참가한다고 했었는데 결과는 어떻게 되었습니까?

B : 결과는 이루지 못했습니다. 구체적으로는 저도 뭐라고 말할 수는 없습니다.

A : 아시안게임이 북경에서 며칠 동안 열렸습니까?

B : 15일 정도 걸렸습니다.

KEY POINT

✳ 可能

부사 可能은 「아마도 ~일 것이다」라는 뜻으로, 추측 혹은 어림짐작의 의미를 나타낼 때 쓰인다. 보통 동사, 형용사 혹은 주어의 앞에 사용되어, 동작이 발생할 수 있거나 사건·상태가 존재 혹은 출현할 수 있음을 설명한다.

金先生**可能**吃得完。

(김 선생이 아마 다 먹을 수 있을 것 같습니다)

Āi, lǎo Lǐ nǐ kàn zhèli, Ōuzhōu gòngtóngtǐ dào èrlínglínglíng nián yào tǒngyī

A：唉，老李你看这里，欧洲共同体到2000年要统一

Ōuzhōu shìchǎng le.

欧洲市场了。

Duì, zhè shì wèile bǎohù Ōuzhōu jīngjì shìchǎng bú shòu Rìběn hé Měiguó

B：对，这是为了保护欧洲经济市场不受日本和美国

de màoyì qīnlüè cái zhèyàng zuò de.

的贸易侵略才这样做的。

Nàme, Měizhōu yǒu shénme biànhuà?

A：那么，美洲有什么变化？

Wǒ tīng shuo, Měizhōu yǐ Měiguó wéi zhōngxīn, jiànlì yíge tǒngyī shìchǎng,

B：我听说，美洲以美国为中心，建立一个统一市场，

zhǔyào guójiā yǒu Jiānádà, Mòxīgē děng guó.

主要国家有加拿大，墨西哥等国。

Zhè yàng yīlai, yàzhōu zěnme bàn ne?

A：这样一来，亚洲怎么办呢？

Yàzhōu ne, yǒu hǎo jǐ zhǒng shuō fǎ, dìyī, jiànlì yíge huárén jīng

B：亚洲呢，有好几种说法，第一，建立一个华人经

어휘

1. 欧洲　Ōuzhōu　名 유럽주, 구라파주 「欧洲共同体：유럽공동체(EC)」
2. 侵略　qīnlüè　名動 침략(하다)
3. 美洲　Měizhōu　名 미주, 아메리카주
4. 以~为~　yǐ~wéi~　~을 ~(으)로 삼다, ~을 ~(으)로 생각하다
5. 加拿大　Jiānádà　名 캐나다　　6. 墨西哥　Mòxīgē　名 멕시코
7. 亚洲　Yàzhōu　名 아시아주　　8. 说法　shuōfǎ　名 의견, 견해
9. 方案　fāng'àn　名 방안, 계획　　10. 简直　jiǎnzhí　副 그야말로
11. 场　chǎng　量 회(回), 번, 차례
12. 对付　duìfu　動 대응하다　　13. 积极　jījí　形 적극적이다

jìquān, dì èr ne, Rìběn, Hánguó, Zhōngguó děng yìxiē guójiā jiànlì
济圈, 第二呢, 日本, 韩国, 中国等一些国家建立

yíge gòngtóng shìchǎng, dàn dào xiànzài yě méiyǒu jùtǐ de fāngàn.
一个共同市场, 但到现在也没有具体的方案。

Zhè jiǎnzhí shì yìchǎng màoyì zhànzhēng.
A: 这简直是一场贸易战争。

Duì, wèile duìfu zhè chǎng màoyì zhànzhēng, Yàzhōu guójiā zhèngzài jījí
B: 对, 为了对付这场贸易战争, 亚洲国家正在积极

xíngdòng.
行动。

본문해석

A : 이야! 이형, 여기 좀 보십시오. 유럽공동체는 2000년까지 유럽시
     장을 통합하려고 한답니다.

B : 그렇습니다. 유럽경제시장을 일본과 미국의 무역침략으로부터
     보호하기 위해서 이렇게 하는 것입니다.

A : 그러면 아메리카주에는 어떤 변화가 있습니까?

B : 제가 듣기로는 아메리카주는 미국을 중심으로 한 개의 통일시장
     을 만들었다는데 주요 국가는 캐나다와 멕시코 등이 있답니다.

A : 이렇게 하면 아시아는 어떻게 합니까?

B : 아시아주는 여러 종류의 견해가 있습니다. 첫번째, 한 개의 중국
     인 경제지역을 건설하고, 둘째는 일본, 한국, 중국 등의 국가가
     한 개의 공동시장을 건설하려고 하는 것입니다. 그러나 지금까
     지의 구체적인 방안은 없습니다.

A : 이는 정말로 무역전쟁이군요.

B : 맞습니다. 이러한 무역전쟁에 대응하기 위해서 아시아 국가는
     적극적으로 움직이고 있습니다.

Wèi, qǐng kāimén.
A：喂，请开门。

Shuí a?
B：谁呀？

Línjū Tián dàmā.
A：邻居田大妈。

Ňg, jiù lái le.
B：嗯，就来了。

Nǐ mā ne?
A：你妈呢？

Wǒ mǔqīn chūqù chuàn qīnqi le, yǒu shénme shì?
B：我母亲出去串亲戚了，有什么事？

Ňg, wǒ jiè le nǐ mǔ qīn yìxie qián, jīntiān huán qián lái le, wǒ bǎ
A：嗯，我借了你母亲一些钱，今天还钱来了，我把

qián gěi nǐ, nǐ mǔqīn huílái yǐhòu, zài jiāogei tā zěnmeyàng?
钱给你，你母亲回来以后，再交给她怎么样？

Hái shì děng dào mǔqīn huí lái zài shuō ba, wǒ zuò bu liǎo zhǔ.
B：还是等到母亲回来再说吧，我做不了主。

Nàme, děng nǐ mǔqīn chuànmén huílái yǐhòu, wǒ zài lái.
A：那么，等你母亲串门回来以后，我再来。

Hǎo, qǐng màn zǒu.
B：好，请慢走。

어휘
1. 邻居　línjū　名　이웃, 이웃집, 이웃사람
2. 串亲戚　chuàn qīnqi　动　친척집에 나들이가다
3. 还钱　huán qián　돈을 돌려주다, 환불하다
4. 交给　jiāogei　动　교부하다, 건네주다, 맡기다
5. 串门　chuànmén　이집저집 돌아다니다

본문해석

A : 여보세요, 문 좀 열어라.

B : 누구십니까?

A : 이웃집 전씨 아주머니다.

B : 응, 어서 오십시오.

A : 네 엄마는?

B : 제 어머니는 친척집에 나들이가셨는데, 무슨 일이 있으십니까?

A : 응, 나는 네 엄마한테 약간의 돈을 빌렸는데 오늘 갚으러 왔다. 돈을 너에게 줄 테니 네 어머니께서 돌아오시면 건네주는 것이 어떻겠니?

B : 어머니께서 돌아오시길 기다렸다가 다시 말씀하세요. 저는 못하겠습니다.

A : 그럼, 네 어머니가 친척방문에서 돌아오시면 내가 다시 오겠다.

B : 살펴가십시오.

KEY POINT

✳ 不

　不는 동사 혹은 형용사의 앞에 놓여 동작·행위 혹은 성질·상태의 부정을 나타내는 부정부사로, 제1성·제2성·제3성의 글자 앞에서는 본래대로 제4성으로 읽히나, 제4성의 글자 앞에서는 제2성으로 읽어야 한다.

　我不是[bú shì]日本人。 (나는 일본 사람이 아닙니다)

　他不高[bù gāo]。 (그는 키가 크지 않습니다)

Wǒ lái jièshào yíxià, zhèwèi shì Zhào tóngzhì.

A：我来介绍一下，这位是赵同志。

Nǐ bú yòng jièshào le, wǒmen yǐjīng hùxiāng rènshi.

B：你不用介绍了，我们已经互相认识。

Yuánlái zhèyàng, shénme shíhou rènshi de?

A：原来这样，什么时候认识的？

Ō, shì lǎo guānxi.

B：噢，是老关系。

Hé nǐ dǎjiāodao de rén zhēn duō.

A：和你打交道的人真多。

Gàn wǒmen zhè háng de, měitiān hé rén dǎjiāodao, suǒyǐ zìrán de jié

B：干我们这行的，每天和人打交道，所以自然地结

shí le hěn duō rén.

识了很多人。

Nǐ kàn wǒ shèjiāo huódòng tài shǎo le, zhīdao de dōngxi yě shǎo.

A：你看我社交活动太少了，知道的东西也少。

Zhè bú yào jǐn, gēn wǒmen zài yìqǐ, huì rènshi hěnduō rén.

B：这不要紧，跟我们在一起，会认识很多人。

Duì, guò yíduàn shíjiān, kěnéng huì.......

A：对，过一段时间，可能会……。

어휘
1. 介绍　jièshào　動 소개하다, 중매하다
2. 互相　hùxiāng　副 서로, 상호
3. 打交道　dǎjiāodao　왕래하다, 접촉하다, 사귀다, 교섭하다
4. 所以　suǒyǐ　接 인과관계의 문장에서 결과나 결론을 나타내는 접속사　名 소이, 이유, 원인
5. 结识　jiéshí　動 사귀다
6. 社交　shèjiāo　名 사교

본문해석

A : 소개해 드리겠습니다. 이분은 조 동지입니다.

B : 당신은 소개하실 필요가 없습니다. 저희들은 이미 서로 알고 있습니다.

A : 알고 보니 그렇군요. 언제 아셨습니까?

B : 아, 오랜 관계입니다.

A : 당신과 사귀는 사람은 정말 많군요.

B : 우리 이런 일은 하는 사람들은 매일 사람과 사귀므로, 자연스럽게 많은 사람을 사귑니다.

A : 저는 사회활동도 적고, 아는 것도 적습니다.

B : 문제없습니다. 저희들과 함께 있으면 많은 사람을 알게 될 것입니다.

A : 맞아요. 어느 정도 시간만 지나면 가능할 것입니다.

KEY POINT

✱ 已经

已经은 「이미, 벌써」라는 뜻의 부사로, 동사 혹은 형용사를 수식하여 동작이 완성되었거나 성질, 상태가 어떠한 정도에 이르렀음을 나타낸다.

他**已经**走了。 (그는 이미 떠났다)

天**已经**亮了。 (날이 벌써 샜다)

Nǐ shénme shíhou zǒu?
A：你什么时候走？

Wǒ xiàwǔ jiù zǒu.
B：我下午就走。

Jīntiān wǒ shì duō, jiù bú sòng nǐ le.
A：今天我事多，就不送你了。

Nǐ zhème máng jiù suàn le.
B：你这么忙就算了。

Nǐ tīng wǒ shuō, dào chēzhàn hòu, xiān dào mǎipiào chuāngkǒu bǎ piào xiān mǎi hǎo,
A：你听我说，到车站后，先到买票窗口把票先买好，

yǐhòu ne, zài hòuchēshì děng chē, qiānwàn búyào bǎ chē cuò guò le.
以后呢，在候车室等车，千万不要把车错过了。

Wǒ zhīdao le.
B：我知道了。

Nǐ zuò shàng chē yǐhòu, yào zhùyì nǐ de xíngli, háiyǒu bǎ yíqiè shǒu
A：你坐上车以后，要注意你的行李，还有把一切手

xù dài hǎo.
续带好。

어휘

1. 送　sòng　動　배웅하다, 전송하다, 바래다주다
2. 窗口　chuāngkǒu　名　창구
3. 千万　qiānwàn　副　부디, 제발, 제대로, 아무쪼록, 꼭
4. 行李　xíngli　名　여행짐, 행장, 수하물
5. 手续　shǒuxù　名　수속, 절차
6. 接　jiē　動　맞이하다, 영접하다, 마중하다
7. 对方　duìfāng　名　상대방, 적
8. 传真　chuánzhēn　名　팩시밀리　動　사진전송하다
9. 照片　zhàopiàn　名　사진

Nǐ fàngxīn wǒ yòu bú shì xiǎo háizi.
B : 你放心我又不是小孩子。

Dào zhàn yǐhòu, huì yǒu rén jiē nǐ.
A : 到站以后，会有人接你。

Duìfāng zhīdao wǒ ma?
B : 对方知道我吗？

Wǒ yòng chuánzhēn bǎ nǐ de zhàopiàn fā guò qù le.
A : 我用传真把你的照片发过去了。

본문해석

A ： 당신 언제 가십니까?

B ： 저는 오후에 갑니다.

A ： 오늘 저는 일이 많아서, 당신을 배웅하지 못합니다.

B ： 당신이 그렇게 바쁘시면 그만두십시오.

A ： 제 말씀을 들어보십시오. 정류소에 도착하여 먼저 매표창구에서 표를 사시고, 그리고 대합실에서 차를 기다리시고, 차를 잘못 타면 안됩니다.

B ： 알겠습니다.

A ： 차에 타신 후에는 당신 짐을 조심하시고, 또 모든 수속을 잘하십시오.

B ： 저는 어린애가 아니니까 안심하십시오.

A ： 역에 도착하면 어떤 사람이 당신을 마중할 것입니다.

B ： 상대방이 저를 압니까?

A ： 제가 팩시밀리로 당신의 사진을 보냈습니다.

Tóngzhì, nín mǎi shénme?
A：同志，您买什么？

Lái kànkan diànshìjī.
B：来看看电视机。

Nín mǎi duōshao cùn de.
A：您买多少寸的。

Èrshí cùn de.
B：20寸的。

Nín kàn zhè shì Xióngmāopài diànshì, zěnmeyàng?
A：您看这是熊猫牌电视，怎么样？

Bǎ shuōmíngshū gěi wǒ kàn yíxià.
B：把说明书给我看一下。

Zài zhèr.
A：在这儿。

Shàng miàn shuō de tǐng bú cuò, zhēn yǒu nàme hǎo ma?
B：上面说的挺不错，真有那么好吗？

어휘
1. 电视机　diànshìjī　名 텔레비전　　　　2. 寸　cùn　量 촌, 치
3. 说明书　shuōmíngshū　名 설명서
4. 挺　tǐng　副 매우, 아주, 대단히
5. 省电　shěngdiàn　动 전기를 아끼다
6. 经济　jīngjì　名 경제　形 경제적이다, (인력, 시간 등이)적게 들다
7. 耐用　nàiyòng　形 견디다, 오래가다, 오래 쓸 수 있다
8. 三包　sānbāo　名 상품의 애프터서비스
9. 录像机　lùxiàngjī　名 VTR
10. 电烤箱　diànkǎoxiāng　名 전기오븐
11. 电冰箱　diànbīngxiāng　名 전기냉장고
12. 摆　bǎi　动 놓다, 벌여놓다, 배열하다, 진열하다, 비치하다

Nín fàngxīn, zhè diànshì jì shěng diàn, yòu jīngjì nàiyòng, wǒme shí xíng

A : 您放心，这电视既省电，又经济耐用，我们实行

sānbāo.

三包。

Shì xīn chū de ba.

B : 是新出的吧。

Nín kàn zhèr, lùxiàngjī, diànkǎoxiāng, diànbīngxiāng, zhèrbǎi de

A : 您看这儿，录像机，电烤箱，电冰箱，这儿摆的

dōu shì xīn chǎnpǐn.

都是新产品。

본문해석

A : 여보세요, 무엇을 사시겠습니까?

B : TV를 보러 왔습니다.

A : 몇 인치를 사시겠습니까?

B : 20인치요.

A : 보십시오. 이것은 팬더곰표 TV인데, 어떻습니까?

B : 설명서를 저에게 좀 보여주십시오.

A : 여기 있습니다.

B : 위에 말한 것은 매우 좋은데, 정말로 그렇게 좋습니까?

A : 마음 놓으십시오. 이 TV는 전기가 절약될 뿐만 아니라 또 경제적이고 오래 사용할 수 있으며 우리는 애프터서비스를 실행합니다.

B : 새로 나온 제품이지요.

A : 여기를 보십시오. 비디오, 전기오븐, 전기냉장고, 여기에 배열된 것은 모두 신제품입니다.

A：（duì zìjǐ háizi shuō) Nǐ shēngāo duōshao le?
A：（对自己孩子说）你身高多少了？

B：Wǒ gèzi yì mǐ qī líng.
B：我个子1米70。

A：(jīngyà de shuō) Nǐ yǒu nàme gāo le ma?
A：（惊讶地说）你有那么高了吗？

B：Wǒ de gèzi zǎo jiù chāoguò bà le.
B：我的个子早就超过爸了。

A：Nǐ bǎ chǐzi ná lái, wǒ liángyiliáng kàn.
A：你把尺子拿来，我量一量看。

B：Gěi nǐ gāngjuǎnchǐ.
B：给你钢卷尺。

A：Āiyā, guǒ zhēn yì mǐ qī líng, nǐ kàn wǒ hái bù zhīdào nǐ yǒu zhème gāo ne.
A：哎呀，果真1米70，你看我还不知道你有这么高呢。

B：Wǒ xiànzài shì shàonián, suǒyǐ gèzi yì tiāntiān de gāo qǐlái le.
B：我现在是少年，所以个子一天天地高起来了。

A：Gēnjù zhège sùdù, bà kàn nǐ hái děi zhǎng wǔ gōngfēn.
A：根据这个速度，爸看你还得长五公分。

B：Wǒ xiànzài shí qī suì, wǒ xiǎng wǒ shēn gāo kěnéng zhǎng dào yì mǐ bā líng.
B：我现在17岁，我想我身高可能长到1米80。

어휘

1. 身高　shēngāo　名　신장, 키
2. 个子　gèzi　名　(사람의)체격, 키, (동물의)몸집
3. 惊讶　jīngyà　动　놀라다, 의아해하다
4. 超过　chāoguò　动　초과하다　　　5. 尺子　chǐzi　名　자, 척도
6. 钢卷尺　gāngjuǎnchǐ　名　강철자, 휴대용 줄자
7. 速度　sùdù　名　속도
8. 公分　gōngfēn　量　센티미터, 그램　　　9. 米　mǐ　量　미터

본문해석

A : (자기 아이에게 말한다) 네 키가 얼마나 되니?

B : 제 키는 1미터 70이에요.

A : (의아해하면서 말한다) 너는 그렇게 컸느냐?

B : 제 키는 벌써 아빠를 앞질렀습니다.

A : 자를 가져와 봐라. 내가 한번 재어봐야겠다.

B : 줄자 여기 있습니다.

A : 야아, 과연 1미터 70이구나. 나는 네가 이렇게 큰지 여태 몰랐다.

B : 저는 지금 소년이기 때문에 키가 날마다 큽니다.

A : 이 속도라면, 아빠가 보기엔 너는 아직 5센티미터는 더 커야 한다.

B : 저는 현재 열일곱 살이니까, 제 생각으로는 제 키가 1미터 80까지는 클 것 같습니다.

KEY POINT

✻ **시간 및 기타 단위**

小时	xiǎoshí	시간	毫米	háomǐ	mm
点	diǎn	시	英里	yīnglǐ	mile
分	fēn	분	公斤	gōngjīn	kg
秒	miǎo	초	公升	gōngshēng	리터
公里	gōnglǐ	km	斤	jīn	근
米(公尺)	mǐ(gōngchǐ)	m	尺	chǐ	척
公分	gōngfēn	cm	寸	cùn	치

Jīn zǎoshang wǒ lái de shíhou, dàochù dōu shì bái'ái'ái de xuě, zhēn hǎo kàn.
A : 今早上我来的时候，到处都是白皑皑的雪，真好看。

Shì a, jīn yí dà zǎo jiù xià le yì cháng dàxuě.
B : 是啊，今一大早就下了场大雪。

Dànshì, wǒ lái de shíhou, yīn xuě hěnduō, suǒyǐ lù shang hěn huá.
A : 但是，我来的时候，因雪很多，所以路上很滑。

Bùguāng shì zhèyàng, wǒ dào zhèli shí, jīhū bù tōngchē.
B : 不光是这样，我到这里时，几乎不通车。

Nǐ kàn wàimiàn de xiǎoháizi, wán de zhēn yǒu yìsi, yǒu de gǔnxuěqiú,
A : 你看外面的小孩子，玩的真有意思，有的滚雪球，

yǒu de duīxuěrén.
有的堆雪人。

Bù zhī zhè cháng xuě shénme shíhou dōu huà wán?
B : 不知这场雪什么时候都化完？

어휘
1. 白皑皑的　bái'ái'ái de　形　(눈 따위가)새하얗다, 결백하다
2. 不光　bùguāng　～만 아니라　接　～뿐 아니라
3. 通车　tōngchē　动　차가 다니다, (철도나 도로가)개통하다
4. 堆雪人　duīxuěrén　动　눈사람을 만들다　名　눈사람놀이
5. 化　huà　动　녹다, 풀리다, 용화되다, 융화되다
6. 结冰　jiébīng　名　얼다, 동결하다, 빙결하다
7. 滑冰　huábīng　动　스케이트를 타다　名　스케이팅
8. 着凉　zháoliáng　动　감기에 걸리다

Yòng bu liǎo liǎng sān tiān jiù kěneng huà wán.
A : 用不了两三天就可能化完。

Jīnzǎo bīng yě jié de hěnhòu, shì huábīng de hǎo rìzi.
B : 今早冰也结的很厚，是滑冰的好日子。

Xiàng zhèyàng de tiānqi yào chuān hòu yìdiǎn, bùrán dehuà, huì zháoliáng de.
A : 象这样的天气要穿厚一点，不然的活，会着凉的。

Wǒ xiànzài chuān de hěnduō.
B : 我现在穿的很多。

본문해석

A : 오늘 아침 제가 올 때, 이르는 곳마다 모두 새하얀 눈으로 덮여 매우 아름다웠습니다.

B : 그렇습니다. 오늘 이른 아침에 한바탕 큰눈이 내렸습니다.

A : 그러나 제가 올 때는 눈이 매우 많았기 때문에 길이 매우 미끄러웠습니다.

B : 그뿐만이 아니라, 제가 여기에 올 때에는 거의 차가 다니지 않았습니다.

A : 바깥의 애들을 보세요. 정말로 재미있게 노는군요. 어떤 애는 굴려서 눈덩이를 만들고, 어떤 애들은 눈사람을 만듭니다.

B : 이번 눈은 언제 녹을지 모르겠군요.

A : 2~3일도 필요없이 모두 녹을 것입니다.

B : 오늘 아침 얼음도 매우 두껍게 얼어서, 스케이트타기에 아주 좋은 날입니다.

A : 이런 날씨에는 약간 두텁게 입어야 합니다. 그렇지 않으면 감기에 걸릴 것입니다.

B : 저는 지금 매우 많이 입었습니다.

Nǐ kàn wǒ yào dào Běijīng qù bànshì, méiyǒu rènshi de rén, zěnme bàn?

A : 你看我要到北京去办事，没有认识的人，怎么办？

Zhè búyàojǐn, wǒ gěi nǐ jièshào jǐ ge.

B : 这不要紧，我给你介绍几个。

Nǐ zài Běijīng yǒu shúrén ma?

A : 你在北京有熟人吗？

Wǒ yǒu hěnduō tóngshì zài Běijīng.

B : 我有很多同事在北京。

Zhǎo tāmen néng jiějué wèntí ma?

A : 找他们能解决问题吗？

Nǐ fàngxīn, tāmen xiànzài dōushì yǒu zhíquán de rén, hěn shén tōng guǎngdà.

B : 你放心，他们现在都是有职权的人，很神通广大。

Wǒ zěnme néng qù jiàn tāmen?

A : 我怎么能去见他们？

어휘

1. **办事** bànshì 動 일을 보다, 일을 처리하다, 사무를 보다
2. **认识** rènshi 動 알다, 인식하다
3. **同事** tóngshì 名 동료, 동업자 動 함께 일하다
4. **解决** jiějué 動 해결하다
5. **职权** zhíquán 名 직권
6. **神通** shéntōng 名 신통한 재간, 특출한 재간, 묘한 솜씨
7. **广大** guǎngdà 形 (면적·공간이)넓다, (범위·규모가)크다
8. **条子** tiáozi 名 글쪽지, 길다란 종이조각에 용건을 간단히 쓴 약식의 편지
9. **肯定** kěndìng 動 긍정하다, 인정하다 形 긍정적이다, 틀림없다, 확정적이다
10. **捎** shāo 動 인편에 보내다[전하다], 가는 길에 가져오다
11. **顺便** shùnbiàn 副 ～하는 김에

Wǒ gěi nǐ xiě yíge tiáozi, nǐ dài zhe zhè zhǐtiáozi qù zhǎo tāmen, tā
B : 我给你写一个条子, 你带着这纸条子去找他们, 他
men kěndìng gěi nǐ bànshì de.
们肯定给你办事的。

Nǐ yǒu shénme yào gěi tāmen shāo de dōngxi ma? Wǒ shùnbiàn gěi dài qù.
A : 你有什么要给他们捎的东西吗? 我顺便给带去。

Xíng le, jiàn le yǐhòu, xiàng tāmen wèn ge hǎo jiù xíng le.
B : 行了, 见了以后, 向他们问个好就行了。

본문해석

A : 저는 북경에 가서 일을 처리해야 하는데, 아는 사람이 없으니 어떻게 하면 좋을까요?

B : 걱정 마세요. 제가 당신께 몇 명 소개해 드리겠습니다.

A : 당신은 북경에 아는 사람이 있습니까?

B : 저는 북경에 매우 많은 동료가 있습니다.

A : 그들을 찾으면 문제를 해결할 수 있습니까?

B : 안심하십시오. 그들은 현재 모두 직권이 있는 사람들이어서 재간이 굉장합니다.

A : 저는 어떻게 그들은 만날 수 있을까요?

B : 제가 당신께 쪽지를 한 장 써드릴 테니까, 당신은 이 쪽지를 가지고 가셔서 그들을 찾으면 그들이 틀림없이 당신께 일을 해드릴 것입니다.

A : 당신은 그들에게 전하실 무슨 물건이 있습니까? 제가 가는 길에 가지고 가겠습니다.

B : 됐습니다. 만나셔서 그들에게 안부나 전해주시면 됩니다.

(zhǐ zhe bàozhǐ) Wánglì, nǐ kàn zhèli.
A：（指着报纸）王丽，你看这里。

Dēng le shénme xiāoxi?
B：登了什么消息？

Zhè shàngmiàn shuō, lìshǐshang Zhōngguó jiāoxiǎngyuè tuán dì yícì lái hánguó yǎn
A：这上面说，历史上中国交响乐团第一次来韩国演

chū.
出。

Ā, tài hǎo le.
B：啊，太好了。

Nǐ wǎng xià kàn, yǎnchū nèiróng yǒu, Bèiduōfēn, Xiāobāng, Mòzhātè,
A：你往下看，演出内容有，贝多芬，肖邦，莫扎特，

Shūbótè, Cháikěfūsījī, Bāhè děng chuàngzuò de yīnyuè zuòpǐn.
舒伯特，柴可夫斯基，巴赫等创作的音乐作品。

어휘

1. 消息　xiāoxi　**名** 소식, 정보, 뉴스
2. 交响乐　jiāoxiǎngyuè　**名** 교향악
3. 贝多芬　Bèiduōfēn　베토벤
4. 肖邦　Xiāobāng　쇼팽
5. 莫扎特　Mòzhātè　모짜르트
6. 舒伯特　Shūbótè　슈베르트
7. 柴可夫斯基　Cháikěfūsījī　차이코프스키
8. 巴赫　Bāhè　바흐
9. 创作　chuàngzuò　**动** 창작하다　**名** 창작, 문예작품
10. 指挥　zhǐhuī　**名** 지휘, 지휘자　**动** 지휘하다
11. 资历　zīlì　**名** 자격과 경력, 이력
12. 浅　qiǎn　**形** 정도가 낮다, (소견, 지식, 학문 등이)천박하다

Shuí shì jiāoxiǎngyuè zhǐhuī?
B : 谁是交响乐指挥？

Shì xìng Lǐ de, zhè ge rén zhǐhuī yuètuán èr shí duō nián le.
A : 是姓李的，这个人指挥乐团二十多年了。

Nàme zhè zhǐhuī zīlì zhēn bù qiǎn.
B : 那么这指挥资历真不浅。

Kěndìng zhǐhuī de xiàng Kǎlāyáng yíyàng.
A : 肯定指挥得象卡拉扬一样。

본문해석

A : (신문을 가리키면서) 왕리, 여기 좀 보십시오.

B : 무슨 소식이 실렸습니까?

A : 이 윗쪽에 역사상 처음으로 중국 교향악단이 한국에서 공연하러
온답니다.

B : 야아, 정말 좋겠군요.

A : 아래쪽을 보십시오. 공연내용은 베토벤, 쇼팽, 모짜르트, 슈베르
트, 차이코프스키, 바흐 등이 창작한 음악작품입니다.

B : 누가 교향악 지휘를 합니까?

A : 성이 이씨인 사람인데, 이 사람은 악단의 지휘를 20여 년이나 했
답니다.

B : 그럼 이 사람의 지휘 이력은 정말 높겠군요.

A : 아마도 카라얀과 같은 지휘를 할 겁니다.

75 买布

Nǐ chuān de yīfu zhēn piàoliang, zài nǎr mǎi de.

A：你穿的衣服真漂亮，在哪儿买的。

Bú shì mǎi de, shì dìng zuò de.

B：不是买的，是定做的。

Bùliào zìjǐ tiāo de ma?

A：布料自己挑的吗？

Wǒ zhuānmén qù bù diàn mǎi de.

B：我专门去布店买的。

Nǐ zhè yīfu shàngxià yítào yòng le jǐ mǐ?

A：你这衣服上下一套用了几米？

Liǎngmǐ bàn duō.

B：两米半多。

Zhè liàozi shì máobù ba.

A：这料子是毛布吧。

Shì de.

B：是的。

Nǐ kàn wǒ rúguǒ zuò yítào dehuà, shénme yánsè hǎo.

A：你看我如果做一套的话，什么颜色好。

Wǒ kàn nǐ chuān lánde hēide dōu héshì.

B：我看你穿蓝的黑的都合适。

어휘

1. 布料　bùliào　图 천, 옷감

2. 专门　zhuānmén　图 전문　副 전문적으로, 오로지, 일부러

3. 料子　liàozi　图 옷감

4. 毛布　máobù　图 거친 면사로 짠 천, 면플란넬

본문해석

A ： 당신 입으신 옷이 정말 예쁜데, 어디에서 사셨습니까?

B ： 산 게 아니라 맞춘 것입니다.

A ： 옷감은 스스로 고른 것입니까?

B ： 저는 일부러 포목점에 가서 산 것입니다.

A ： 상하 한 벌에 몇 미터를 사용했습니까?

B ： 2미터 50쯤이요.

A ： 이 옷감은 면플란넬이죠?

B ： 예.

A ： 제가 만일 한 벌 만든다면 당신 보시기에 무슨 색깔이 좋겠습니까?

B ： 제가 보기에 당신은 남색이나 검정색 모두 잘 어울립니다.

KEY POINT

✱ 上, 下

　上, 下가 명사의 뒤에　쓰일 때는 모두 방위사로서, 上은 물체의 높은 곳 혹은 표면을 표시하고, 下는 물체의 낮은 곳 혹은 아래부분을 표시한다.

　书在桌子上。(책은 탁자 위에 있다)

　食堂在楼下。(식당은 아래층에 있다)

Zhè shì shénme?
A：这是什么？

Zhè shì zhègeyuè de shuǐfèi, diànfèi, diànhuàfèi hé gōngyù guǎnlǐfèi.
B：这是这个月的水费，电费，电话费和公寓管理费。

Diànhuàfèi zěnme chūlái le zhème duō?
A：电话费怎么出来了这么多？

Zhègeyuè nǐ bú shì dǎ le jǐcì chángtú diànhuà ma?
B：这个月你不是打了几次长途电话吗？

Háiyǒu diànfèi yě zhè me duō?
A：还有电费也这么多？

Nǐ kàn, jiāli dōushì diànqì, yǒu de děi èr shí sì ge xiǎoshí kāi zhe,
B：你看，家里都是电器，有的得24个小时开着，

zěnme bú fèi diàn ne.
怎么不费电呢。

어휘

1. 公寓　gōngyù　图 아파트
2. 电器　diànqì　图 전기제품[기구]
3. 尽量　jǐnliàng　副 가능한한, 되도록, 될 수 있는 대로
4. 节约　jiéyuē　动 절약하다
5. 触电　chùdiàn　图动 감전(되다)
6. 已经　yǐjīng　副 이미, 벌써
7. 电线　diànxiàn　图 전선

Yǐ hòu, jǐnliàng xiǎng bànfǎ jiéyuē yòng diàn.
A : 以后，尽量想办法节约用电。

Duì, bù xūyào de shíhou, yīnggāi bǎ diàn guān le.
B : 对，不需要的时候，应该把电关了。

Zài jiu shi, jīngcháng zhùyì yòng diàn, xiǎoxīn chùdiàn.
A : 再就是，经常注意用电，小心触电。

Wǒ yǐjīng bǎ diànxiàn chá le yíbiàn.
B : 我已经把电线查了一遍。

본문해석

A : 이것이 뭡니까?

B : 이것은 이달의 수도요금, 전기요금, 전화요금과 아파트 관리비 입니다.

A : 전화비는 왜 이렇게 많이 나왔습니까?

B : 이달에 당신은 몇 차례 장거리전화를 걸지 않았습니까?

A : 또 전기요금도 이렇게 많이 나왔습니까?

B : 당신 보세요. 집안이 모두 전기제품입니다. 어떤 것은 24시간 동안 켜놓아야 하는데 어떻게 전력이 소비되지 않겠습니까?

A : 이후에는 가능한한 전기를 절약하여 사용하는 방법을 생각해야 겠습니다.

B : 맞습니다. 불필요할 때에는 응당 전기를 꺼야 합니다.

A : 그리고는 항상 전기사용에 주의하고 감전에 조심해야 합니다.

B : 저는 이미 전선을 한번 조사했습니다.

Xiǎo Mǎ, jīntiān wǒmen qù kàn yīnyuèhuì ba.

A：小马，今天我们去看音乐会吧。

Shénme yīnyuèhuì?

B：什么音乐会？

Zhōngguó yīnyuè dàibiǎotuán zài zhèli yǎnchū de yīnyuèhuì.

A：中国音乐代表团在这里演出的音乐会。

Zěnme wǒ yìdiǎnr yě méi tīng shuō, Zhōngguó yīnyuètuán yào lái?

B：怎么我一点儿也没听说，中国音乐团要来？

Wǒ yě shì zuótiān kàn hǎibào zhīdao de.

A：我也是昨天看海报知道的。

Piào hǎobuhǎo mǎi?

B：票好不好买？

Wǒ yǐjīng mǎi dào le.

A：我已经买到了。

Zhè cì yígòng yǎn chū jǐchǎng?

B：这次一共演出几场？

Hǎibào shang shuō, gòng yǎnchū shí jǐ chǎng.

A：海报上说，共演出十几场。

Hǎo, wǒmen jīntiān yídìng yào qù kànyikàn.

B：好，我们今天一定要去看一看。

어휘　　1. 音乐会　yīnyuèhuì　图 음악회

2. 海报　hǎibào　图 (영화, 연극, 운동경기 등의)포스터

3. 演出　yǎnchū　图动 공연(하다), 상연(하다)

본문해석

A : 마형, 오늘 우리 가서 음악회나 봅시다.

B : 무슨 음악회요?

A : 중국음악 대표단이 이곳에서 공연하는 음악회입니다.

B : 어떻게 저는 조금도 못 들었을까요. 중국음악단이 왔습니까?

A : 저 역시 어제 포스터를 보고 알았습니다.

B : 표는 사기가 쉽습니까, 어렵습니까?

A : 저는 이미 샀습니다.

B : 이번에 모두 몇 차례 공연합니까?

A : 포스터에는 모두 열 몇 차례 공연한다고 하였습니다.

B : 좋아요. 우리는 오늘 반드시 가서 한번 봐야겠습니다.

KEY POINT

✳ **一共, 都**

一共「모두」은 수의 합을 나타내는 부사로 문장 속에 반드시 수사나 수사의 물음사가 들어 있어야 하고, 都「모두」는 범위를 나타내는 부사이다.

他**一共**有三本书。

(그는 모두 세 권의 책이 있다)

我们**都**有中文书。

(우리는 모두 중국어 책이 있다)

Nǐ shǒuli ná de shì míngxìnpiàn ma?
A：你手里拿的是明信片吗？

Bú shì, shì shèngdàn kǎpiàn, jì gěi péngyou de.
B：不是，是圣诞卡片，寄给朋友的。

Shèngdànjié yǒu shénme ānpái?
A：圣诞节有什么安排？

Dǎsuan dài háizi shàngjiē zhuànzhuan.
B：打算带孩子上街转转。

Wǒ de háizi zuótiān gěi wǒ shuō, Shèngdànjié xiǎng qù rènao de dìfāng wán
A：我的孩子昨天给我说，圣诞节想去热闹的地方玩

wán, jiào wǒ dài tā qù.
玩，叫我带他去。

Nǐ de háizi huì chàng shèngdàngē ma?
B：你的孩子会唱圣诞歌吗？

Wǒ de háizi chàng de hěnhǎo, érqiě yǐqián bàn guo shèngdàn lǎorén ne.
A：我的孩子唱得很好，而且以前扮过圣诞老人呢。

어휘

1. **明信片**　míngxìnpiàn　图 우편엽서
2. **圣诞卡片**　shèngdàn kǎpiàn　動 크리스마스 카드
3. **寄**　jì　動 (우편으로)부치다, 보내다, 송달하다
4. **安排**　ānpái　動 안배하다, 배치하다, 배분하다
5. **打算**　dǎsuan　動 타산하다, 계획하다　助動 ～하려고 하다
6. **热闹**　rènao　形 번화하다, 흥성흥성하다, 와자지껄하다
7. **扮**　bàn　動 (～로)분장하다, 분하다
8. **圣诞老人**　shèngdàn lǎorén　图 산타클로스
9. **彩灯**　cǎidēng　图 곱게 꾸민 등롱, 일류미네이션, 전광식
10. **快乐**　kuàilè　形 즐겁다, 유쾌하다

Shèngdànjié zhǔnbèi le xiē shénme?
B: 圣诞节准备了些什么？

Wǒ wèi le Shèngdànjié, yǐjīng mǎi le yì kē shèng dàn shù, zài shù shang zhuāng
A: 我为了圣诞节，已经买了一棵圣诞树，在树上装

le yì xiē cǎidēng. Dào shí hé jiā rén yìqǐ kuàikuàilè lè de wányiwán.
了一些彩灯。到时和家人一起快快乐乐地玩一玩。

Tīng le nǐ de huà, wǒ yě gāi zhǔnbèi, zhǔnbèi le.
B: 听了你的话，我也该准备，准备了。

본문해석

A : 당신 손에 든 것은 엽서입니까?

B : 아닙니다, 성탄카드입니다. 친구에게 부칠 겁니다.

A : 성탄절에 무슨 계획이 있습니까?

B : 아이를 데리고 거리에 나가 둘러보려고 합니다.

A : 제 아이가 어제, 성탄절에는 번화한 곳에 가서 놀고 싶으니까 저
　　더러 자기를 데리고 가달라고 저에게 말하였습니다.

B : 당신 아이는 성탄절 노래를 부를 수 있습니까?

A : 저의 아이는 매우 잘 부르고, 게다가 옛날에는 산타클로스 분장
　　도 했습니다.

B : 성탄절에 무엇을 준비하셨습니까?

A : 저는 성탄절을 위해서 이미 크리스마스 트리를 사서 나무 위에
　　약간의 전구를 장식했습니다. 그때가 되면 가족들과 함께 아주
　　즐겁게 놀 것입니다.

B : 당신의 말씀을 들으니, 저도 준비해야겠습니다.

A: 明天是端午节了，你怎么过？

B: 明日我叫爱人包些粽子吃。

A: 粽子是用什么做的？

B: 嗯，是用糯米做的。

A: 端午节有什么意思呢？

B: 为了纪念屈原投江自杀，自杀的这一天叫端午节。

A: 他为什么自尽呢？

어휘

1. 端午节　Duānwǔjié　图 단오
2. 粽子　zòngzi　图 종자, 주악, 각서(단오절에 먹는 떡)
3. 糯米　nuómǐ　图 찹쌀
4. 纪念　jìniàn　動 기념하다
5. 自杀　zìshā　图動 자살(하다)
6. 自尽　zìjìn　動 자살하다
7. 迫害　pòhài　图動 박해(하다)
8. 走投无路　zǒutóu wúlù　갈 곳이 없다, 앞길이 막히다
9. 投进　tóujìn　動 투입하다
10. 汨罗江　Mìluójiāng　图 멱라수(중국 호남성을 흐르는 멱수와 나
   수가 합쳐진다 하여 이렇게 부름, 전국시대 굴원이 투신했다고 함)
11. 遗体　yítǐ　图 (존경하는 사람의)시체, 유해

Tā shòu dao le Chǔguó cháotíng de pòhài, zǒutóu wúlù, suǒyǐ tóu jìn

B : 他受到了楚国朝廷的迫害， 走投无路， 所以投进

le Mìluójiāng, hòulái rén men wèile jìniàn wěida de Qūyuán, zài zhè yi

了汨罗江，后来人们为了纪念伟大的屈原，在这一

tiān bǎ zòngzi tóu jìn Mìluójiāng li.

天把粽子投进汨罗江里。

Wèishénme tóu zòngzi ne?

A : 为什么投粽子呢？

Dàgài yìsi shì ràng yú chī rén bāo de zòngzi, bú yào chī Qūyuán de yítǐ.

B : 大概意思是让鱼吃人包的粽子，不要吃屈原的遗体。

본문해석

A : 내일이 단오절인데, 당신은 어떻게 보내시겠습니까?

B : 내일 저는 아내에게 종자를 싸달라고 해서 먹을 것입니다.

A : 종자는 무엇으로 만듭니까?

B : 응, 찹쌀로 만듭니다.

A : 단오절은 무슨 의미입니까?

B : 굴원이 강에 빠져 자살한 것을 기념하기 위해서, 자살한 이날을
     단오절이라고 합니다.

A : 그는 왜 자살했습니까?

B : 그는 초나라 조정의 박해를 받아 갈 곳이 없었으므로, 멱라강에
     빠졌는데, 후에 사람들은 위대한 굴원을 기념하기 위해서, 이날
     종자를 만들어 멱라강 속에 던졌습니다.

A : 왜 종자를 던집니까?

B : 대략적인 의미는 고기가 사람이 싼 종자를 먹고, 굴원의 시체를
     먹지 못하게 한다는 것입니다.

Zuótiān nǐ qù nǎr le?
A：昨天你去哪儿了？

Wǒ qù qīnqī jiā le.
B：我去亲戚家了。

Nǐ qù de shì fùqīn de qīnqī jiā, háishi mǔqīn de qīnqī jiā?
A：你去的是父亲的亲戚家，还是母亲的亲戚家？

Wǒ qù le yíge yuǎn qīn jiā.
B：我去了一个远亲家。

Nǐ fùmǔ shuí de qīnqī duō?
A：你父母谁的亲戚多？

Wǒ fùmǔ liǎngjiā bǐjiào qǐlái chàbuduō.
B：我父母两家比较起来差不多。

Nǐ yǒu biǎomèi ma?
A：你有表妹吗？

Yǒu shi yǒu, dàn dōu chūjià le, nǐ qīnqī duō ma?
B：有是有，但都出嫁了，你亲戚多吗？

Wǒ zài zhèli yíge yě méiyǒu.
A：我在这里一个也没有。

Nà nǐ hěn gūdú ba.
B：那你很孤独吧。

어휘
1. 亲戚　qīnqī　图 친척
2. 差不多　chàbuduō　形 (정도·시간·거리 따위에서)큰 차이가 없다, 거의 비슷하다
3. 表妹　biǎomèi　图 사촌누이동생
4. 出嫁　chūjià　动 시집가다
5. 孤独　gūdú　形 고독하다

본문해석

A : 어제 어디에 가셨습니까?

B : 저는 친척집에 갔습니다.

A : 아버지의 친척집에 갔습니까, 아니면 어머니의 친척집에 갔습니까?

B : 저는 한 먼 친척집에 갔습니다.

A : 당신 부모님들 중 누구의 친척이 많습니까?

B : 제 부모님 두 집안을 비교해 보면 거의 비슷합니다.

A : 당신은 사촌여동생이 있습니까?

B : 있기는 있는데, 모두 결혼했습니다. 당신은 친척이 많습니까?

A : 저는 이곳에는 한 명도 없습니다.

B : 그럼 당신은 매우 고독하시겠군요.

KEY POINT

✱ 都 ~ 了

부사 都는 총괄을 표시하는데, 때로는 어기조사 了와 어울려 어감을 강하게 하는 기능도 갖으며, 「이미」의 뜻으로 쓰이기도 한다.

饭**都**凉了, 快吃吧。 (밥이 이미 식었으니, 빨리 먹어라)

Hòutiān jiùshì xīn de yìnián le.
A : 后天就是新的一年了。

Shì a, shíjiān guò de zhēnkuài.
B : 是啊，时间过地真快。

Yuándàn nǐmen xiūxi ma?
A : 元旦你们休息吗？

Wǒmen fàng le sì tiān jià.
B : 我们放了四天假。

Nǐmen Yuándàn gōngzi fā le méiyǒu?
A : 你们元旦工资发了没有？

Tíqián sān tiān fā le.
B : 提前三天发了。

Nàme kāi nián zǒng jié huì le ma?
A : 那么开年总结会了吗？

Qián jǐ tiān quánchǎng zhígōng yìqǐ kāi le.
B : 前几天全厂职工一起开了。

Yuándàn nàtiān nǐ lái wǒmen jiā ba, wǒ jiào ài rén zhǔnbèi xiē hǎo chī de,
A : 元旦那天你来我们家吧，我叫爱人准备些好吃的，

hǎohao wányiwán.
好好玩一玩。

Dào shíhou wǒ yídìng qù.
B : 到时候我一定去。

어휘
1. 后天　hòutiān　名 모레
2. 元旦　Yuándàn　名 원단, 설날
3. 提前　tíqián　動 (예정된 시간이나 기한을)앞당기다

본문해석

A : 모레가 바로 새로운 해입니다.

B : 그렇습니다. 시간은 정말 빨리 흐르는군요.

A : 설날 당신들은 쉽니까?

B : 우리들은 4일간 쉽니다.

A : 당신들은 원단 봉급을 받았습니까?

B : 3일 앞당겨서 받았습니다.

A : 그렇다면 연말 결산회를 열었습니까?

B : 며칠 전에 전체 직원이 함께 열었습니다.

A : 원단 그날, 저희들 집에 오십시오. 저는 아내에게 맛이 있는 것
   을 준비하라고 시키겠으니, 잘 놀아봅시다.

B : 그때 저는 꼭 가겠습니다.

KEY POINT

✻ 啊

　조사 啊가 중복되는 동사(대부분이 단음절) 뒤에 사용되면 동작이
진행되는 과정이 길다는 것을 표현한다. 중복되는 동사는 하나의 啊
를 가질 수도 있고, 두 개를 가질 수도 있다. 조사 啊는 문장 중간이
나 말미에 쓰이므로 앞의 음절의 영향을 받아 자주 음가가 바뀐다. 따
라서 呀, 哇, 哪 등으로 바뀐 음가를 표기하기도 한다.

　走哇, 走哇, 一直往走了下去。

　(걷고 또 걸어서 줄곧 북쪽으로 걸어갔다)

✻ 真(참으로, 정말)

　真「참으로, 정말」은 동사 혹은 형용사 앞에 놓일 경우 부사로, 동작
발생의 신뢰성을 표시하거나 성질·상태의 정도를 강조한다.

　我真不知道。(나는 정말로 모른다)

Wǒ qián jǐ tiān hé nǐ liánxì le jǐ cì, dōu méi liánlì shàng, nǐ pǎo nǎr

A：我前几天和你联系了几次，都没联系上，你跑哪儿

qù le?

去了？

Zěnme zhǎo wǒ yǒu shénme hǎo shì?

B：怎么找我有什么好事？

Nǐ xiān shuō pǎo dào nǎr qù le.

A：你先说跑到哪儿去了。

Ňg, wǒ chū le yítàng yuǎnmén.

B：嗯，我出了一趟远门。

Shì zhè yàng.

A：是这样。

Wǒ huí lái yǐhòu jiāli rén shuō, nǐ lái le jǐ cì diànhuà. Shuō yǒu jí

B：我回来以后家里人说，你来了几次电话。说有急

shì, suǒyǐ jīn zǎo jiù dào nǐ zhèr lái le.

事，所以今早就到你这儿来了。

Wǒ zhǎo nǐ tán bu shàng shénme dàshì, jiù xiǎng qǐng nǐ gěi wǒ bàn yíjiàn shì.

A：我找你谈不上什么大事，就想请你给我办一件事。

Shénme shì shuō ba.

B：什么事说吧。

어휘

1. 联系　liánxì　名動　결부(하다), 연계(하다), 연결(하다)
2. 趟　tàng　量　차례, 번(왕래하는 횟수를 나타냄)
3. 远门　yuǎnmén　動　집을 떠나 멀리가다　名　먼친척, 먼일가
4. 急事　jíshì　名　급한 일
5. 谈不上　tán bu shàng　말할 나위가 못되다
6. 决定　juédìng　動　결정하다

Wǒ xiān wèn nǐ zhè jiàn shì bàn bu bàn?
A : 我先问你这件事办不办？

Nǐ xiān bǎ nèiróng gàosu wǒ, wán le yǐhòu wǒ zài juédìng.
B : 你先把内容告诉我，完了以后我再决定。

본문해석

A : 저는 며칠 전 당신께 몇 차례 연락했는데, 연락이 안되던데, 당
   신 어디에 가셨습니까?

B : 왜 저를 찾으셨는지, 무슨 좋은 일 있습니까?

A : 당신이 먼저 어디에 가셨는지 말씀하십시오.

B : 응, 저는 한차례 집을 떠나 먼곳에 갔습니다.

A : 아, 그러셨군요.

B : 제가 집에 돌아오니까 집안 사람들이 당신께서 몇 차례 전화를
   하셨다고 하더군요. 급한 일이 있다고 하길래 오늘은 일찍 이곳
   에 왔습니다.

A : 제가 당신을 찾은 것은 무슨 큰일이라고 말할 수 없지만, 한 가
   지 일을 부탁하려고 합니다.

B : 무슨 일인지 말씀해 보십시오.

A : 저는 먼저 당신이 이 일을 하실지 못하실지 묻겠습니다.

B : 당신이 먼저 내용을 저에게 알려주시면 저는 결정하겠습니다.

KEY POINT

✻ **긍정 + 부정**
   동사 또는 형용사의 긍정형과 부정형을 함께 써서 의문을 제기할
때 쓰인다.
   您**是不是**中国人？ (당신은 중국인입니까, 아닙니까?)

Nǐ jīntiān bú yào hé bié rén yuēhui, zhīdao le ma?
A：你今天不要和别人约会，知道了吗？

Zěnme le?
B：怎么了？

Jīntiān xiàwǔ yǒu yíjiàn shì, nǐ fēiqù bùkě.
A：今天下午有一件事，你非去不可。

Nǐ xiànzài gàosu wǒ, wǒ jiù qù.
B：你现在告诉我，我就去。

Dào xiàwǔ nǐ huì zhīdao de, xiān bú yào wèn.
A：到下午你会知道的，先不要问。

Chú zhè shíjiān wài, xiàwǔ wǒ yǒu yíge zhòngyào de yuēhui, nàme nǐ
B：除这时间外，下午我有一个重要的约会，那么你

de yuēhui fàng dào míngtiān zěnmeyàng?
的约会放到明天怎么样？

Bù xíng.
A：不行。

Nǐ xiān tīng wǒ shuō, wǒ jīntiān dì yícì hé nǚ péngyou yuēhui, bú qù
B：你先听我说，我今天第一次和女朋友约会，不去

zěnme néng xíng ne?
怎么能行呢？

Shì jǐ diǎn jiànmiàn?
A：是几点见面？

어휘 1. **约会** yuēhui 動 만날 약속을 하다 名 만날 약속
　　　2. **重要** zhòngyào 形 중요하다

Shì xià wǔ sān diǎn.
B : 是下午 3 点。

Nàme yuēhui jiéshù yǐhòu qù, jiù xíng le.
A : 那么约会结束以后去，就行了。

본문해석

A : 당신 오늘 다른 사람과 약속을 하지 마십시오. 아시겠습니까?

B : 왜요?

A : 오늘 오후에 한 가지 일이 있는데, 당신은 꼭 가셔야 합니다.

B : 지금 저에게 알려주시면, 저는 곧 가겠습니다.

A : 오후가 되면 아시게 될 터이니, 우선 묻지 마십시오.

B : 이 시간 외에, 오후에 저는 중요한 하나의 약속이 있습니다. 그 러면 당신의 약속은 내일로 하면 어떻겠습니까?

A : 안됩니다.

B : 당신 먼저 제 말씀을 들어 보십시오. 저는 오늘 처음으로 여자 친구와 약속(데이트)이 있는데, 안 가면 어떻게 되겠습니까?

A : 몇 시에 만납니까?

B : 오후 3시요.

A : 그럼 데이트가 끝난 다음에 가면 됩니다.

KEY POINT

✳ 非~不可

非와 不는 모두 不定詞인데 두 가지 부정형식을 써서 완전한 긍정의 어기를 나타낸다. 그 뜻은 「~하지 않으면 안된다, 반드시 ~해야 한다」이다.

他非去美国不可。(그는 미국에 가지 않으면 안된다)

Wèi, qǐng Wáng Xiǎolì jiē diànhuà.
A：喂，请王小丽接电话。

Wǒ jiù shì.
B：我就是。

Āi, xiǎo Wáng nǐ zuótiān zěnme shīyuē le, wǒ děng nǐ děng le liǎngge xiǎoshí.
A：唉，小王你昨天怎么失约了，我等你等了两个小时。

(xiào zhe shuō) Zhēn duìbuqǐ.
B：（笑着说）真对不起。

Zuótiān wǒ zhēn de shēngqì le, nǐ zěnme néng zhèyàng ne.
A：昨天我真的生气了，你怎么能这样呢。

Nǐ tīng wǒ jiǎng, zuótiān zuò chē qù yuēhui de dìfang, dàn túzhōng tūrán
B：你听我讲，昨天坐车去约会的地方，但途中突然

chū le jiāotōng shìgù.
出了交通事故。

Nǐ shòushāng le méiyǒu?
A：你受伤了没有？

Cāpò le yìdiǎn pí.
B：擦破了一点皮。

Bú yào jǐn ba.
A：不要紧吧。

어휘
1. 失约　shīyuē　動　약속을 어기다, 위약하다
2. 生气　shēngqì　動　화내다, 성내다
3. 途中　túzhōng　名　도중
4. 突然　tūrán　形　갑작스럽다, 돌연하다, 의외이다
5. 受伤　shòushāng　動　상처를 입다, 부상을 당하다
6. 擦破　cāpò　動　살갗 따위가 벗겨지다

Méi shénme.
B : 没什么。

Wǒ xiànzài mǎshàng qù kàn nǐ.
A : 我现在马上去看你。

본문해석

A : 여보세요, 왕 소리 좀 바꿔주십시오.

B : 접니다.

A : 아, 미스터 왕, 당신 어제 왜 약속을 어겼습니까? 저는 당신을 두 시간 기다렸습니다.

B : (웃으면서 말한다) 정말 미안합니다.

A : 어제 저는 정말 화가 났습니다. 당신은 어떻게 그러실 수 있습니까?

B : 제 말씀 좀 들어보십시오. 어제 차를 타고 약속한 곳에 갔습니다만, 도중에 갑자기 교통사고가 나는 바람에 그렇게 되었습니다.

A : 당신은 상처를 입었습니까?

B : 살갗이 조금 벗겨졌습니다.

A : 괜찮으시지요.

B : 별것 아닙니다.

A : 저는 지금 곧 당신을 뵈러 가겠습니다.

KEY POINT

✽ 突然

　突然「갑자기, 별안간」은 보통 동사 혹은 형용사를 수식하는 부사어가 되어 상황이 신속히 발생하고 예상 밖이었음을 표시한다. 때로는 주어 앞에 놓여 문장 전체를 수식하기도 한다.

　电灯**突然**亮起来了。 (전등이 갑자기 밝아졌다)

(yí jìn mén) Nǐ de fángjiān zěnme zhème zāng.
A：（一进门）你的房间怎么这么脏。

Wǒ háo cháng shíjiān méiyǒu qīngsǎo le.
B：我好长时间没有清扫了。

Āi yā, huīchén zhème duō, háiyǒu duī le zhème duō zāng yīfu.
A：唉呀，灰尘这么多，还有堆了这么多脏衣服。

Xiànzài jiāli méiyǒu rén, suǒyǐ chéng zhè yàng le.
B：现在家里没有人，所以成这样了。

Jiāli rén qù nǎr le?
A：家里人去哪儿了？

Huí niáng jiā le.
B：回娘家了。

Zěnme, nǐmen chǎojià le ma?
A：怎么，你们吵架了吗？

Wǒmen chǎo le yídùn.
B：我们吵了一顿。

Gǎnkuài qù lǐng huílái, nǐ yíge rén zhèyàng zěnme guò ne.
A：赶快去领回来，你一个人这样怎么过呢。

Děng jǐ tiān tā xīnqíng hǎo de shíhou, huì huílái de.
B：等几天她心情好的时候，会回来的。

Nàme xiànzài xiān bǎ wūzi shōushi yíxià.
A：那么现在先把屋子收拾一下。

어휘
1. 脏　zāng　形　더럽다, 불결하다
2. 堆　duī　动　쌓이다, 쌓다, 쟁이다
3. 回娘家　huí niángjiā　친정으로 돌아가다
4. 吵架　chǎojià　动　다투다, 말다툼하다
5. 心情　xīnqíng　名　마음, 기분, 심정

A : (문을 들어서면서) 당신 방은 왜 이렇게 더럽습니까?

B : 저는 오랫동안 청소를 못했습니다.

A : 야아, 먼지가 이렇게 많고, 또 이렇게 많이 더러운 옷이 쌓였군요.

B : 현재 집안에 사람이 없어서 이렇게 되었습니다.

A : 아내는 어디에 갔습니까?

B : 친정에 갔습니다.

A : 왜 당신들은 다투었습니까?

B : 저희들은 한번 다투었습니다.

A : 빨리 가서 모시고 오시지요. 당신 혼자 이렇게 어떻게 보내실 수 있겠습니까?

B : 며칠 지나서 그녀의 기분이 좋아지면 돌아올 것입니다.

A : 그럼 지금 먼저 방을 정리 좀 하십시오.

(shǒu chí yǔsǎn jìn mén) Āi yā, wàibiān xiàyǔ xià de zhēn dà.
A：（手持雨伞进门）唉呀，外边下雨下得真大。

Zěnme xiànzài xiàyǔ le ma?
B：怎么现在下雨了吗？

Nǐ kàn wǒ de yīfu dōu shītòule.
A：你看我的衣服都湿透了。

Zǎoshang háishi ge dà qíngtiān, zěnme yíxiàzi…….
B：早上还是个大晴天，怎么一下子……。

Zuótiān, tiānqì yùbào shuō le, zǎoshang qíng, wǔhòu zhuǎnyīn, bìng yǒu
A：昨天，天气预报说了，早上晴，午后转阴，并有

dàyǔ.
大雨。

Jīntiān shì xiàyǔtiān, wǒmen gàn xiē shénme ne?
B：今天是下雨天，我们干些什么呢？

Wàimian de dōngxi dōu gài hǎo le ba, bùrán dehuà, huì lòu yǔ de.
A：外面的东西都盖好了吧，不然的话，会漏雨的。

어휘

1. 雨伞　yǔsǎn　名 우산
2. 湿透　shītòu　动 흠뻑 젖다, 푹 적시다
3. 天气预报　tiānqì yùbào　名 일기예보
4. 午后　wǔhòu　名 오후
5. 转阴　zhuǎnyīn　动 뒤에 흐려지다
6. 不然　bùrán　接 그렇지 않으면　形 그렇지 않다, 아니오
7. 漏雨　lòu yǔ　비가 새다
8. 严　yán　形 빈틈없다, 엄밀하다
9. 该死　gāisǐ　形 빌어먹을, 우라질(분노, 원망 등을 나타내는 말)

Jǐ tiān qián bú shi gài de hěn yán ma?
B: 几天前不是盖得很严吗？

Nà bù xíng, zài qù chá yi chá.
A: 那不行，再去查一查。

Āi, zhè gāi sǐ de yǔtiān.
B: 唉，这该死的雨天。

본문해석

A : (손에 우산을 들고 문으로 들어선다) 야아, 밖에 정말 큰비가 내립니다.

B : 뭐, 지금 비가 내립니까?

A : 제 옷을 보십시오. 모두 젖었습니다.

B : 아침에는 정말 맑은 날씨였는데, 왜 갑자기…….

A : 어제 일기예보에서 아침에는 맑고, 오후에는 흐려져서, 큰비가 내릴 거라고 하였습니다.

B : 오늘은 비가 오는데 우리 뭘 할까요?

A : 밖의 물건들은 모두 잘 덮으셨죠? 그렇지 않으면 비가 새게 될 겁니다.

B : 며칠 전에 잘 덮지 않았습니까?

A : 그건 안됩니다. 다시 가서 검사해 보십시오.

B : 야아, 이 빌어먹을 놈의 비오는 날 같으니라고.

Nǐ kàn xiànzài qīngshàonián jiàoyù chéng dà wèntí.
A : 你看现在青少年教育成大问题。

Duì ya, wǒ zuìjìn hěn dānxīn wǒ de háizi.
B : 对呀，我最近很担心我的孩子。

Wǒ yě yíyàng, pà zìjǐ de háizi chūqù hé huài háizi yìqǐ hùn.
A : 我也一样，怕自己的孩子出去和坏孩子一起混。

Xiànzài yǒu xiē qīngshàonián tiān bú pà, dì bú pà, cháng luàn gǎo.
B : 现在有些青少年天不怕，地不怕，常乱搞。

Kàn xiànzài xīnwén, tiāntiān dōu yǒu qīngshàonián fànzuìde bàodào.
A : 看现在新闻，天天都有青少年犯罪的报道。

Shì a. Tāmen dàduōshù shì zhōngxuéshēng hé gāozhōngxuéshēng.
B : 是啊。他们大多数是中学生和高中学生。

Nǐ kàn yǒu shénme bànfǎ jiù zhè xiē háizi?
A : 你看有什么办法救这些孩子？

Wǒ yě shuō bu xiàng xiē shénme, dàn wǒ xiǎng yīnggāi bǎ jiātíng jiàoyù gǎo hǎo,
B : 我也说不上些什么，但我想应该把家庭教育搞好，

nà yàng kěyǐ fángzhǐ yìxiē qīngshàonián fànzuì.
那样可以防止一些青少年犯罪。

Wǒ xiànzài jìzǐ de háizi guǎn de hěn yán.
A : 我现在自己的孩子管得很严。

어휘

1. **混** hùn 動 그럭저럭 살아가다, 되는 대로 살아가다
2. **天不怕, 地不怕** tiān bú pà, dì bú pà 하늘도 땅도 무섭지 않다, 천하에 두려운 것은 아무것도 없다
3. **乱搞** luàngǎo 動 아무렇게나[제멋대로]하다
4. **犯罪** fànzuì 名 범죄 動 죄를 범하다
5. **防止** fángzhǐ 動 방지하다
6. **适当** shìdàng 形 적당하다, 적절하다, 알맞다

Wǒ juéde bú yào guǎn de tài yán, jiào tāmen xuéxí, shìdàng de shíhou
B: 我觉得不要管得太严，叫他们学习，适当的时候

yě jiào tāmen wán.
也叫他们玩。

본문해석

A : 당신 보십시오. 현재 청소년 교육은 큰 문제가 되었습니다.

B : 맞아요. 저는 최근에 제 아이가 매우 걱정됩니다.

A : 저도 그렇습니다. 우리 아이가 나가서 나쁜 아이들과 함께 어울려 지낼까 봐 두렵습니다.

B : 현재 어떤 청소년들은 천하에 두려운 것 없이 항상 제멋대로 합니다.

A : 현재 신문을 보면, 날마다 청소년 범죄에 대한 보도가 있습니다.

B : 그렇습니다. 그들 대다수는 중학생과 고등학생입니다.

A : 당신 보시기에는 이런 애들을 구제할 방법이 있습니까?

B : 저도 무엇이라고 단언할 수 없지만, 마땅히 가정교육을 잘 시켜야 약간의 청소년 범죄를 방지할 수 있다고 생각합니다.

A : 저는 현재 제 아이를 매우 엄격하게 키웁니다.

B : 저는 너무 엄격하게 간섭 말고, 그들로 하여금 공부하고, 적당한 때에 그들을 놀게 하는 것이 좋다고 봅니다.

KEY POINT

✻ 你看

여기서 看은 사람의 생각이나 의사를 나타내는 말로, 뜻은 「보라, 보시오, 생각하다」이다.

你看这个, 好不好? (이것 보게, 좋은가 나쁜가?)

你看怎么样, 行吗? (어찌 생각하오, 괜찮소?)

Xiǎo Lǐ, wǒ kàn nǐ jīntiān lián yìdiǎn jìn yě méiyǒu, zěnmele?
A : 小李，我看你今天连一点劲也没有，怎么了？

Shuí shuō wǒ méiyǒu jìn, nǐ kàn.
B : 谁说我没有劲，你看。

Nǐ jīntiān shìbushì méi chīfàn?
A : 你今天是不是没吃饭？

Chī le.
B : 吃了。

Chī de shénme.
A : 吃的什么？。

Chī de jiācháng biànfàn.
B : 吃的家常便饭。

Wǒ gāngcái kàn dào nǐ méi jìn, wǒ yǐwéi nǐ méi chīfàn ne.
A : 我刚才看到你没劲，我以为你没吃饭呢。

Ō, wǒ chī le, shì mǐfàn, sāncài yìtāng.
B : 噢，我吃了，是米饭，三菜一汤。

Nǐ shì niánqīngrén, yào duō chīfàn, nàyang cái yǒu jìn.
A : 你是年青人，要多吃饭，那样才有劲。

(xiào zhe shuō) Wǒ zhīdao le.
B : （笑着说）我知道了。

어휘

1. 连~ lián 前 ~조차도, ~마저도(뒤의 따위와 호응)
2. 劲 jìn 名 힘
3. 家常便饭 jiācháng biànfàn 평소 집에서 먹는 식사, 흔히 있는 일
4. 以为 yǐwéi 动 생각하다, 여기다, 알다
5. 米饭 mǐfàn 名 밥, 쌀밥   6. 菜 cài 名 반찬, 요리, 채소
7. 汤 tāng 名 국, 탕   8. 年青人 niánqīngrén 名 젊은이
9. 笑着说 xiào zhe shuō 웃으면서 말하다

A : 이형, 제가 보기에 당신은 오늘 약간의 힘조차도 없는데, 왜 그렇습니까?

B : 누가 제가 힘이 없다고 하십니까, 보십시오.

A : 당신 오늘 식사를 안드신 게 아닙니까?

B : 먹었습니다.

A : 무엇을 드셨습니까?

B : 보통 집에서 먹던 것을 먹었습니다.

A : 제가 방금 봤을 때 당신은 힘이 없어서, 저는 당신이 식사를 드시지 않았다고 생각했습니다.

B : 오, 저는 먹었습니다. 쌀밥, 세 가지 반찬, 한 가지 국을 먹었습니다.

A : 당신은 젊은 사람인데 식사를 많이 해야 합니다. 그래야 힘이 있지요.

B : (웃으면서 말하길) 알겠습니다.

KEY POINT

✴ 以为

　以为는 「~라고 생각하다, ~라고 여기다」라는 말로, 认为의 뜻이 있다. 以为는 또한 일이 있은 후에 원래의 견해가 사실과 부합되지 않음을 발견했다는 뜻을 항상 내포한다.

　我以为应该这样做。

　(나는 이렇게 해야만 한다고 생각한다)

　我以为你走了,原来还在这里。

　(나는 네가 떠났다고 여겼는데, 알고 보니 아직 여기에 있구나)

Péngyou wǒ xiànzài dùzi è le, wǒmen qù chīfàn ba.
A : 朋友我现在肚子饿了，我们去吃饭吧。

Nǐ jīntiān chī le jǐdùnfàn?
B : 你今天吃了几顿饭？

Wǒ zǎoshang dào xiànzài méi chī?
A : 我早上到现在没吃。

Qù zhōngguó shítáng ba.
B : 去中国食堂吧。

Nín liǎng wèi yào shénme?
C : 您两位要什么？

Wǒ lái yìwǎn tāngmiàn, nǐ yào shénme?
A : 我来一碗汤面，你要什么？

Wǒ yào yíge chǎomǐfàn.
B : 我要一个炒米饭。

Fàn lái le, qǐng mànman yòng.
C : 饭来了，请慢慢用。

Hánguó de fàncài nǐ xíguàn ma?
A : 韩国的饭菜你习惯吗？

어휘
1. 饿　è　形　배고프다
2. 碗　wǎn　量　그릇, 공기, 사발이나 등불을 세는 단위
3. 炒米饭　chǎomǐfàn　名　볶은밥
4. 困难　kùnnan　名 动　곤란(하다)　形　어렵다
5. 腌白菜　yānbáicài　名　김치
6. 豆芽汤　dòuyátāng　名　콩나물국
7. 豆瓣酱汤　dòubànjiàngtāng　名　된장국
8. 吃得下　chī de xià　动　먹을 수 있다

Xiànzài chī guàn le, dàn gāng lái shíyǒu diǎn kùnnan.
B: 现在吃惯了，但刚来时有点困难。

Wǒmen Hánguórén chīfàn yídìng děiyǒu yānbáicài, bù zhī hé nǐ de kǒu
A: 我们韩国人吃饭一定得有腌白菜，不知合你的口

ma?
吗？

Xiàng dòuyátāng, dòubànjiàngtāng, hǎidàitāng, háiyou yānbáicàitāng wǒ
B: 象豆芽汤，豆瓣酱汤，海带汤，还有腌白菜汤我

dōu néng chī de xià.
都能吃得下。

본문해석

A : 친구, 나는 지금 배가 고픈데 우리 식사하러 갑시다.

B : 당신은 오늘 몇 끼 드셨습니까?

A : 저는 아침부터 지금까지 못 먹었습니다.

B : 중국식당에 갑시다.

C : 두 분은 무엇을 드시겠습니까?

A : 저는 국수 한 그릇 주십시오. 당신은 무엇을 드시겠습니까?

B : 저는 볶은밥 한 개 주십시오.

C : 식사 나왔습니다. 천천히 드십시오.

A : 한국의 요리에 습관되셨습니까?

B : 지금은 습관되었습니다. 그러나 막 왔을 때는 약간 애로가 있었
습니다.

A : 저희들 한국인은 식사 때 반드시 김치가 있어야 하는데, 당신의
입맛에는 맞는지 모르겠군요.

B : 콩나물국, 된장국, 미역국, 또 김치찌개 같은 것은 모두 먹을 수
있습니다.

Tóngzhì, qǐngwèn dào Wángfǔjǐng chéng jǐlùchē?
A：同志，请问到王府井乘几路车？

Zài qiánmiàn qìchēzhàn zuò shí lù chē jiù kěyǐ dào Wángfǔjǐng.
B：在前面汽车站坐10路车就可以到王府井。

Shàng chē de mǎi piào ba.
C：上车的买票吧。

Dào Wángfǔjǐng duōshao qián?
A：到王府井多少钱？

Sān zhàn wǔ kuài.
C：三站5块。

Nǐ zěnme lái de.
D：你怎么来的。

어휘

1. 乘　chéng　动　타다
2. 路　lù　量　(운수기관 따위의)노선
3. 汽车站　qìchēzhàn　名　버스정류장
4. 坐　zuò　动　(탈것에)타다
5. 上车　shàng chē　차를 타다
6. 站　zhàn　名　정류소, 정거장, 역
7. 公共汽车　gōnggòngqìchē　名　버스
8. 坐位　zuòwèi　名　좌석, 자리
9. 腿　tuǐ　名　다리
10. 疼　téng　动　아프다
11. 不容易　bù róngyì　쉽지 않다

Wǒ zuò gōnggòngqìchē lái de.
A：我坐公共汽车来的。

Lái de shíhou yǒu zuòwèi ma?
D：来的时候有坐位吗？

Nǎ yǒu zuòwèi, wǒ tuǐ dōu zhàn téng le. Lái de shíhou, zhēn bù róngyì.
A：哪有坐位，我腿都站疼了。来的时候，真不容易。

본문해석

A ： 여보세요, 王府井에 가려면 몇 번 버스를 타야 합니까?

B ： 앞에 있는 정류장에서 10번을 타면 王府井에 갈 수 있습니다.

C ： 차를 타신 분, 표를 사십시오.〔중국에서는 차를 탄 후에 차 속에 서 표를 산다〕

A ： 王府井까지 얼마입니까?

C ： 세 정거장에 5원입니다.

D ： 어떻게 오셨습니까?

A ： 저는 버스를 타고 왔습니다.

D ： 오실 때 자리가 있었습니까?

A ： 어디 자리가 있습니까, 서 있어서 다리도 아픕니다. 올 때 정말 쉽지 않았습니다.

Tóngzhì, qǐng gěi wǒ kàn yíxià zhè zhī biǎo, zuótiān tūrán bù zǒu le.

A : 同志，请给我看一下这只表，昨天突然不走了。

Nǐ zhè kuài biǎo tài lǎo le, gāi huàn ge xīn de le.

B : 你这块表太老了，该换个新的了。

Nà jiù mǎi ge xīn de ba.

A : 那就买个新的吧。

Nǐ lái kàn, zhè xiē shì Ruìshì de, yǒu Léidá, Láoláisī děng. Nà

B : 你来看，这些是瑞士的，有雷达，劳莱斯等。那

xiē shì guóchǎn de, yǒu diànzibiǎo, tàiyángnéng biǎo háiyǒu bànzìdòng hé quán

些是国产的，有电子表，太阳能表还有半自动和全

zìdòng biǎo.

自动表。

어휘

1. 表　biǎo　图 시계　　　　2. 不走　bù zǒu　가지 않는다, 멈추다
3. 块　kuài　量 덩어리, 조각, 시계를 세는 데 쓰임
4. 老　lǎo　形 낡은, 구식의, 시대에 뒤떨어진
5. 换　huàn　动 교환하다　　　6. 瑞士　Ruìshì　图 스위스
7. 雷达　Léidá　图 라도(RADO)　　8. 劳莱斯　Láoláisī　图 로렉스
9. 国产　guóchǎn　图形 국산(의)
10. 电子表　diànzibiǎo　图 전자시계
11. 太阳能表　tàiyángnéng biǎo　图 태양열시계
12. 半自动表　bànzìdòng biǎo　图 반자동시계
13. 全自动表　quánzìdòng biǎo　图 전자동시계
14. 全自动带日历表　quánzìdòng dài rìlìbiǎo　图 날짜가 나오는 전자
　　동시계
15. 防水　fángshuǐ　动 방수하다
16. 防震　fángzhèn　动 진동을 막다
17. 功能　gōngnéng　图 기능, 작용, 효능

Wǒ xiǎng yào yíkuài quánzìdòng dài rìlìbiǎo.
A : 我想要一块全自动带日历表。

Nǐ kàn zhè kuài zěnmeyàng, yǒu fángshuǐ, fángzhèn de gōngnéng.
B : 你看这块怎么样, 有防水, 防震的功能。

Zài wèn yíxià, nà diànzi guāzhōng duōshao qián?
A : 再问一下, 那电子挂钟多少钱?

Sìshí kuài bú suàn guì érqiě zǒu shí hěn zhǔn.
B : 40块, 不算贵而且走时很准。

Gāngcái wǒ shuō de nàzhī biǎo hǎo shi hǎo, qǐng bǎ biǎo liàn huàn yíxià.
A : 刚才我说的那只表好是好, 请把表链换一下。

본문해석

A : 여보세요, 이 시계 좀 봐주십시오. 어제 갑자기 가지 않습니다.

B : 당신 시계는 매우 오래되었군요. 새것으로 한 개 바꾸셔야겠습니다.

A : 그럼 새것을 한 개 사겠습니다.

B : 보십시오. 이것들은 스위스산입니다. 라도, 로렉스 등이 있습니다. 저것들은 국산입니다. 전자시계, 태양열시계가 있고 또한 반자동시계, 전자동시계도 있습니다.

A : 저는 날짜가 나오는 전자동시계를 사고 싶습니다.

B : 당신 보시기에 이것은 어떻습니까? 방수가 되고, 진동을 막는 기능도 있습니다.

A : 다시 좀 묻겠는데요, 저 전자괘종시계는 얼마입니까?

B : 40원입니다. 그다지 비싸지 않고 또한 정확하게 갑니다.

A : 방금 제가 말한 그 시계는 좋기는 좋지만, 시계줄을 좀 바꿔주십시오.

Tóngzhì, wǒ yào mǎi yìzhāng qù Shànghǎi de huǒchēpiào.
A：同志，我要买一张去上海的火车票。

Yào yìngxí de, hái shì wòpù de.
B：要硬席的，还是卧铺的。

Gěi yìzhāng wòpù de ba.
A：给一张卧铺的吧。

Gěi nǐ yào de piào hé shèng xia de qián.
B：给你要的票和剩下的钱。

Zài wèn yíxià, zài jǐhào hòuchēshì děng chē.
A：再问一下，在几号候车室等车。

Zài èr lóu liù hào hòuchēshì, nǐ kuài shàng qù ba, xiànzài kěnéng zài qiānpiào
B：在2楼6号候车室，你快上去吧，现在可能在签票

ne.
呢。

어휘

1. 张　zhāng　量　장(종이 등의 넓은 표면을 가진 것을 세는 단위)
2. 火车票　huǒchēpiào　名　기차표
3. 硬席　yìngxí　名　(기차 따위의)일반석
4. 卧铺　wòpù　名　(기차나 여객선 따위의)침대
5. 钱　qián　名　돈, 화폐
6. 快　kuài　副　빨리, 어서, 얼른
7. 签票　qiānpiào　动　(차를 바꿔탈 때)승차권에 서명하다
8. 直快列车　zhíkuài lièchē　名　급행열차
9. 左右　zuǒyòu　名　가량, 안팎, 만큼, 내외
10. 洗手间　xǐshǒujiān　名　화장실, 측간, 변소
11. 节　jié　量　여러 개로 나누어진 것을 세는 데 쓰임
12. 车厢　chēxiāng　名　차량
13. 两端　liǎngduān　名　(사물의) 양단, 처음과 끝
14. 卫生间　wèishēngjiān　名　화장실

A : 同志，请问去上海路上得走几个小时？
Tóngzhì, qǐngwèn qù Shànghǎi lù shang děi zǒu jǐge xiǎoshí?

C : 这是直快列车，大概20个小时左右。
Zhè shì zhíkuài lièchē, dàgài èrshíge xiǎoshí zuǒyòu.

A : 洗手间在哪儿。
Xǐshǒujiān zài nǎr.

C : 每一节车厢两端都有卫生间。
Měi yìjié chēxiāng liǎngduān dōu yǒu wèishēngjiān.

A : 知道了。谢谢。
Zhīdao le. Xièxie.

본문해석

A : 여보세요, 저는 상해 가는 기차표를 한 장 사려고 합니다.

B : 일반석을 원하십니까, 아니면 침대석을 원하십니까?

A : 침대석 한 장 주십시오.

B : 표와 거스름돈입니다.

A : 다시 좀 여쭙겠는데요, 몇 호 대합실에서 차를 기다립니까?

B : 2층 6호 대합실입니다. 빨리 올라가십시오. 지금 아마 승차권에 사인할 것입니다.

A : 여보세요, 상해에 가려면 몇 시간을 가야 합니까?

C : 이것은 직행열차이니까, 대략 20시간쯤 걸립니다.

A : 화장실이 어디에 있습니까?

C : 매차 양끝마다 모두 화장실이 있습니다.

A : 알겠습니다, 감사합니다.

Tóngzhì, wǒ yào mǎi jiéhūn jièzhi, nǐ gěi wǒ liǎ tiāo yíxià.
A：同志，我要买结婚戒指，你给我俩挑一下。

Nǐ kàn zhè shì shí bā K jīn de, zěnmeyàng?
B：你看这是 18K 金的，怎么样？

Wǒmen yào mǎi zuànshí jièzhi.
A：我们要买钻石戒指。

Bù zhī nǐ yào lánbǎoshí de, hái shì hóngbǎoshí de.
B：不知你要蓝宝石的，还是红宝石的。

Wǒmen shì wàiháng, nǐ gěi tiāo ge ba.
A：我们是外行，你给挑个吧。

Nǐ kàn zhè ge zěnmeyàng?
B：你看这个怎么样？

Zhège yǒudiǎn dà le, nàge zhēn hǎo kàn.
A：这个有点大了，那个真好看。

Ò, nàshì rénzào bǎoshí. Nǐ zài kànkan zhège ba.
B：喔，那是人造宝石。你再看看这个吧。

어휘
1. 结婚戒指　jiéhūn jièzhi　名 결혼반지
2. 金　jīn　名 금, 황금
3. 钻石戒指　zuànshí jièzhi　名 다이아몬드 반지
4. 蓝宝石　lánbǎoshí　名 사파이어
5. 红宝石　hóngbǎoshí　名 루비
6. 外行　wàiháng　形 (어떤 일에)전문가가 아니다　名 비전문가
7. 人造宝石　rénzào bǎoshí　名 인조보석
8. 耳环　ěrhuán　名 귀걸이　　　9. 纯金　chúnjīn　名 순금
10. 条　tiáo　量 가늘고 긴 곳을 세는 단위
11. 项链　xiàngliàn　名 목걸이　　12. 标价　biāojià　名 표시가격

Jiù lái zhège ba. Nà fù ěrhuán duōshao K jīn de.
B : 就来这个吧。那副耳环多少 K 金的。

Èrshísì K chúnjīn de.
A : 24K 纯金的。

Zhè tiáo xiàngliàn zěnme mài?
B : 这条项链怎么卖？

Nǐ kàn xià mian yǒu biāojià.
A : 你看下面有标价。

본문해석

A : 여보세요, 저는 결혼반지를 사려고 합니다만, 당신이 저희 두 사람에게 좀 골라주십시오.

B : 보세요, 이것은 18K인데 어떻습니까?

A : 우리들은 다이아몬드 반지를 사려고 합니다.

B : 당신이 사파이어를 원하는지 아니면 루비를 원하는지 모르겠군요.

A : 저희들은 문외한이니까, 당신이 골라주십시오.

B : 당신 보시기에 이것은 어떻습니까?

A : 이것은 약간 큽니다. 저것은 매우 예쁩니다.

B : 오, 그것은 인조보석입니다. 다시 이것을 봐 주십시오.

A : 이것을 사겠습니다. 그 귀걸이는 몇 K금입니까?

B : 24K 순금입니다.

A : 이 목걸이는 어떻게 팝니까?

B : 아랫면을 보시면 가격표가 있습니다.

액세서리·휴대품에 관한 어휘

手帕	shǒupà	손수건
方围巾	fāng wéijīn	큰 목도리
围巾	wéijīn	머플러
头巾, 围巾	tóujīn, wéijīn	스카프
长筒袜	chángtǒngwà	스타킹
手套	shǒuztào	장갑
项链	xiàngliàn	목걸이, 네크리스
手镯	shǒuzhuó	팔찌
戒指	jièzhi	반지
耳环	ěrhuán	귀고리, 이어링
垂饰	chuíshì	펜던트
饰针	shìzhēn	브로치
手提包	shǒutíbāo	핸드백
珍珠	zhēnzhū	진주
翡翠	fěicuì	비취
象牙(雕刻)	xiàngyá	상아(조각)
领带	lǐngdài	넥타이
领带别针	lǐngdài biézhēn	넥타이핀
袖扣	xiùkòu	커프스버튼
皮带, 腰带	pídài, yāodài	벨트
打火机	dǎhuǒjī	라이터
烟斗	yāndǒu	파이프
香烟盒	xiāngyānhé	시가레트 케이스
手绢	shǒujuàn	손수건
宝石戒指	bǎoshí jièzhi	보석반지
人造宝石	rénzào bǎoshí	인조보석

钟表	zhōngbiǎo	시계(총칭)
闹钟	nàozhōng	자명종
手表	shǒubiǎo	팔목시계
项链(儿)表	xiàngliàn(r)biǎo	목걸이시계
电子表	diànzǐbiǎo	전자시계
数字显示表	shùzìxiǎn shìbiǎo	디지털시계
眼镜	yǎnjìng	안경
太阳眼镜, 墨镜	tàiyang yǎnjìng, mòjìng	선글래스
眼镜架	yǎnjìngjià	안경테
眼镜片	yǎnjìngpiàn	안경렌즈
隐型眼镜	yǐnxíng yǎnjìng	콘텍트렌즈
花镜	huājìng	돋보기
近视眼镜	jìnshi yǎnjìng	근시안
验光	yànguāng	시력을 검사하다
配眼镜	pèiyǎnjìng	안경맞추다
放大镜	fàngdàjìng	확대경
全自动表	quán zìdòngbiǎo	전자동시계
半自动表	bàn zìdòngbiǎo	반자동시계
日历表	rìlìbiǎo	날짜있는 시계
太阳能手表	tàiyáng néngshǒubiǎo	태양손목시계
表门	biǎomén	시계유리
表链	biǎoliàn	시계줄(쇠줄)
表带	biǎodài	시계줄(가죽줄)
秒针	miǎozhēn	초침
时针	shízhēn	시침, 시계바늘
分针	fēnzhēn	분침
手表电池	shǒubiǎo diànchí	손목시계전지

 买水果

Wǒ xiǎng chī diǎn shuǐguǒ, zánmen qù shuǐguǒdiàn ba.
A : 我想吃点水果，咱们去水果店吧。

Hǎo, zhè jiù zǒu ba.
B : 好，这就走吧。

(dào shuǐguǒdiàn) Qǐngwèn yíxià, zhè píngguǒ yìjīn duōshao qián?
A : （到水果店）请问一下，这苹果一斤多少钱？

Sì ge yì qiān kuài.
C : 4个一千块。

Zhè yíchuàn xiāngjiāo duōshao qián?
A : 这一串香蕉多少钱？

Zhè chuàn dà de liǎng qiān kuài, nà chuàn xiǎo de yì qiān wǔ bǎi kuài.
C : 这串大的两千块，那串小的 1 千五百块。

Nǐmen diàn li háiyǒu shénme shuǐguǒ?
A : 你们店里还有什么水果？

Nǐ kàn zhèli, cǎoméi, bōluó, júzi, shìzi, xiāngguā, pú
C : 你看这里，草莓，菠萝，桔子，柿子，香瓜，葡

어휘

1. 水果　shuǐguǒ　名 과실, 과일
2. 苹果　píngguǒ　名 사과(나무)
3. 串　chuàn　量 꿰미, (한줄로 쭉 꿴 듯한)줄
4. 香蕉　xiāngjiāo　名 바나나
5. 草莓　cǎoméi　名 딸기
6. 菠萝　bōluó　名 파인애플
7. 桔子　júzi　名 귤　　　　8. 柿子　shìzi　名 감, 감나무
9. 香瓜　xiāngguā　名 참외　　10. 葡萄　pútáo　名 포도
11. 装进　zhuāngjìn　動 물건을 챙겨넣다
12. 塑料袋　sùliàodài　名 비닐봉지
13. 削　xiāo　動 껍질을 벗기다, 깎다

táo dōu yǒu.
萄都有。

Nàme gěi yìdiǎn píngguǒ hé cǎoméi ba.
B：那么给一点苹果和草莓吧。

Hǎo, quán dōu zhuāngjìn le sùliàodài.
C：好，全都装进了塑料袋。

(huí dao jiā li) Nǐ gǎnkuài bǎ dāo ná lai, wǒ bǎ píngguǒ pí xiāo le.
A：（回到家里）你赶快把刀拿来，我把苹果皮削了。

Dāo zài zhèli.
B：刀在这里。

본문해석

A ： 저는 과일이 좀 먹고 싶은데, 우리 과일가게에 갑시다.

B ： 좋아요, 바로 갑시다.

A ： (과일가게에 도착하였다) 실례지만 이 사과는 한 근에 얼마입니까?

C ： 4개에 천 원입니다.

A ： 이 한 궤미의 바나나는 얼마입니까?

C ： 이 큰 궤미는 2000원이고, 그 작은 궤미는 1500원입니다.

A ： 당신 가게에 또 무슨 과일이 있습니까?

C ： 여기를 보십시오. 딸기, 파인애플, 귤, 감, 오이, 포도 모두 있습니다.

B ： 그럼 사과와 딸기를 좀 주십시오.

C ： 예, 모두 비닐봉지에 담았습니다.

A ： (집에 돌아왔다) 당신 빨리 칼을 가져오십시오. 제가 사과껍질을 깎겠습니다.

B ： 칼, 여기 있습니다.

苹果	píngguǒ	사과
梨子	lízi	배
桔子	júzi	귤
橙子	chéngzi	오렌지
香蕉	xiāngjiāo	바나나
菠萝	bōluó	파인애플
桃	táo	복숭아
柠檬	níngméng	레몬
甜瓜	tiánguā	멜론
西瓜	xīguā	수박
杏	xìng	살구
梅	méi	매실
葡萄	pútao	포도
柿子	shìzi	감
橄榄	gǎnlǎn	올리브
木瓜	mùguā	파파야
扬莓	yángméi	딸기
弥猴桃	míhóutáo	키위
樱桃	yīngtáo	앵두
荔子	lìzhī	여주
龙眼	lóngyǎn	용안
核桃	hétao	호도
栗子	lìzi	밤
落花生	luòhuāshēng	땅콩
杏仁	xìngrén	살구씨
瓜子儿	guāzǐr	(수박, 호박의)씨
枣儿	zǎor	대추

柿饼	shìbǐng	곶감
花生	huāshēng	땅콩
椰子	yēzī	야자
甘蔗	gānzhè	사탕수수
草莓	cǎoméi	딸기
香瓜	xiāngguā	참외
芒果	mángguǒ	망과
松子	sōngzi	잣
番茄(西红柿)	fānqié(xīhóngshì)	토마토

보충어휘

Nǐ qù nǎr?
A：你去哪儿？

Wǒ qù yīyuàn kàn wàng bìngrén.
B：我去医院看望病人。

Shuí zhùyuàn le?
A：谁住院了？

Lǎo Zhào.
B：老赵。

Wǒ qiántiān hái kàn dào tā hǎohao de, zěnme yíxiàzi zhùyuàn le.
A：我前天还看到他好好的，怎么一下子住院了。

Búyòng tí le, zuótiān gōngchǎng chū le shìgù, lǎo Zhào shòu le zhòngshāng.
B：不用提了，昨天工厂出了事故，老赵受了重伤。

Wǒ liǎng yìqǐ qù ba.
A：我俩一起去吧。

Tóngzhì, jíjiùshì zài nǎr?
B：同志，急救室在哪儿？

어휘
1. 医院　yīyuàn　名 병원
2. 看望　kànwàng　动 문안하다, 찾아가보다
3. 住院　zhùyuàn　动 입원하다
4. 工厂　gōngchǎng　名 공장
5. 事故　shìgù　名 사고
6. 重伤　zhòngshāng　名 중상
7. 急救室　jíjiùshì　名 응급실
8. 脱离　tuōlí　动 벗어나다, 이탈하다
9. 危险　wēixiǎn　名形 위험(하다)
10. 病房　bìngfáng　名 병실, 병동
11. 病床　bìngchuáng　名 병상

Nǐ lái kàn shuí?
C : 你来看谁？

Wǒ lái kàn zuótiān jìn jíjiùshì de lǎo Zhào.
B : 我来看昨天进急救室的老赵。

Tā yǐjīng tuōlí wēixiǎn le, zhuǎn dào le wǔ hào bìngfáng.
C : 他已经脱离危险了，转到了五号病房。

Jǐ hào bìngchuáng?
B : 几号病床？

Sì hào bìngchuáng.
C : 4 号病床。

본문해석

A : 어디 가십니까?

B : 저는 병원에 문병을 갑니다.

A : 누가 입원했습니까?

B : 조형이요.

A : 저는 그제 그가 여전히 좋은 것을 보았는데, 왜 갑자기 입원했습니까?

B : 말도 마십시오. 어제 공장에서 사고가 발생했는데 조형이 중상을 입었습니다.

A : 우리 함께 갑시다.

B : 여보세요, 응급실이 어디에 있습니까?

C : 누구를 보러 오셨습니까?

B : 저는 어제 응급실에 들어온 조형을 보러왔습니다.

C : 그는 이미 위험고비를 넘겨서 5호 병실로 옮겼습니다.

B : 몇 호 병상입니까?

C : 4호 병상입니다.

医生, 大夫	yīshēng, dàifu	의사
护士	hùshi	간호원
中医	zhōngyī	한의사
西医	xīyī	양의사
初诊	chūzhěn	초진
复诊	fùzhěn	재진
急诊	jízhěn	급진
住院	zhùyuàn	입원
预约	yùyuē	예약
外科	wàikē	외과
内科	nèkē	내과
妇产科	fùchǎnkē	산부인과
牙科	yákē	치과
眼科	yǎnkē	안과
皮肤科	pífukē	피부과
耳鼻喉科	ěrbíhóukē	이비인후과
诊疗所	zhěnliáosuǒ	진료소
疗养院	liáoyǎngyuàn	요양소
针灸	zhēnjiǔ	침구
(动)手术	(dòng)shǒushù	수술(하다)
麻醉	mázuì	마취
针刺麻醉	zhēncì mázuì	침 마취(針麻醉)
理疗	lǐliáo	물리요법
电疗	diànliáo	전기요법
透视	tòushì	X선투시
验血	yànxuè	혈액검사
验大(小)便	yàn dà(xiǎo)biàn	대변검사(소변검사)

인체에 관련된 어휘

眼睛	yǎnjing	눈
耳朵	ěrduo	귀
鼻子	bízi	코
口, 嘴	kǒu, zuǐ	입
牙齿	yáchǐ	치아(이)
舌头	shétou	혀
手	shǒu	손
手指	shǒuzhǐ	손가락
指甲	zhǐjia	손톱
胳膊	gēbo	팔
胸	xiōng	가슴
背	bèi	등
脖子	bózi	고개
嗓子	sǎngzi	목
腰	yāo	허리
臀部	tūnbù	엉덩이
肚子	dùzi	배
腿	tuǐ	다리(발목 위)
脚	jiǎo	발(발목 아래)
头部	tóubù	머리
嘴唇	zuǐchún	입술
眉(毛)	méi(máo)	눈썹
膝	xī	무릎
肩(膀)	jiān(bǎng)	어깨
头发	tóufà	머리카락

Yīshēng, qǐng gěi yìdiǎn gǎnmào yào.
A：医生，请给一点感冒药。

Shénme shíhòu gǎnmào de?
B：什么时候感冒的？

Qiántiān wǎnshàng.
A：前天晚上。

Xiànzài yào duō zhùyì, yīnwèi xiànzài liúxíng xìng gǎnmào hěn duō.
B：现在要多注意，因为现在流行性感冒很多。

Chī le zhè yào mǎshàng huì jiàn hǎo ma?
A：吃了这药马上会见好吗？

Nǐ fàngxīn, chī le wǒ kāi de yào mǎshàng huì hǎo de.
B：你放心，吃了我开的药马上会好的。

Yào zhùyì xiē shénme?
A：要注意些什么？

Huíjiā hǎohǎo shuì yi jiào, chū yìshēn hàn jiù xíng le.
B：回家好好睡一觉，出一身汗就行了。

Xièxie dàifu.
A：谢谢大夫。

Zhù nǐ zǎo rì huīfù jiànkāng.
B：祝你早日恢复健康。

어휘 1. 感冒　gǎnmào　名 감기　動 감기에 걸리다
2. 流行性　liúxíngxìng　名 유행성, 전염성
3. 睡觉　shuìjiào　動 자다
4. 一身　yìshēn　名 온몸, 전신
5. 出汗　chūhàn　動 땀이 나다
6. 恢复　huīfù　動 회복하다, 회복되다
7. 健康　jiànkāng　名 건강　形 건강하다, 건전하다, 정상이다

본문해석

A : 의사 선생님, 저에게 감기약 좀 주십시오.

B : 언제 감기에 걸리셨습니까?

A : 그저께 밤에요.

B : 현재 유행성 감기가 많기 때문에, 지금 많은 주의를 해야 합니다.

A : 이 약을 먹으면 곧 좋아질까요?

B : 마음 놓으십시오. 제가 지은 약을 먹으면 바로 좋아지실 겁니다.

A : 주의할 것은 무엇입니까?

B : 집에 돌아가셔서 푹 쉬시고, 온몸에 땀을 빼면 됩니다.

A : 감사합니다, 의사 선생님.

B : 빨리 건강 회복하시기를 바랍니다.

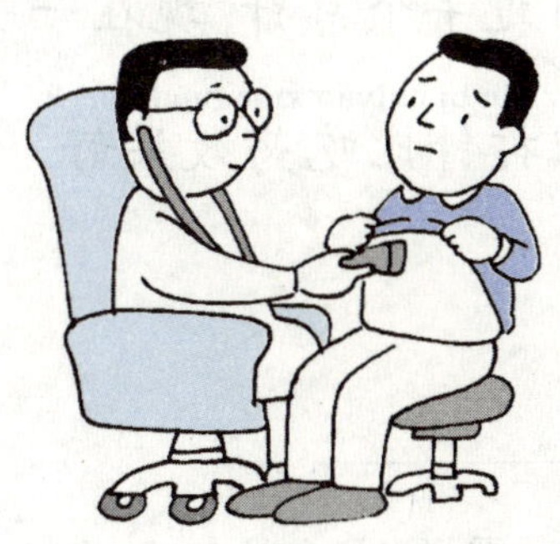

Nǐ zuìjìn zěnme le?
A : 你最近怎么了？

Ňg, wǒ xiànzài tiāntiān dǎzhēn.
B : 嗯，我现在天天打针。

Shàngcì shòu de shāng hái méi hǎo ma?
A : 上次受的伤还没好吗？

Yīshēng shuō kuài hǎo le.
B : 医生说快好了。

Nǐ xiànzài dǎ de shì shénme?
A : 你现在打的是什么？

Qīngméisù.
B : 青霉素。

Dǎ qīng méi sù téng ma?
A : 打青霉素疼吗？

Téng yě děi rěn zhe.
B : 疼也得忍着。

Wǒ yǐqián liánxù dǎ guo bàn ge yuè zhēn, xiànzài yì tīng shuō zhēn jiù fán le.
A : 我以前连续打过半个月针，现在一听说针就烦了。

Wǒ yě fán le, dàn dǎzhēn bǐ chīyào xiàoguǒ hǎo.
B : 我也烦了，但打针比吃药效果好。

어휘

1. 打针　dǎzhēn　動 주사를 놓다
2. 青霉素　qīngméisù　名 페니실린
3. 连续　liánxù　動 연속하다, 계속하다
4. 烦　fán　形 답답하다, 지겹다, 성가시다

본문해석

A : 최근에 어떻게 된 것입니까?

B : 응, 저는 현재 매일 주사를 맞습니다.

A : 지난번 상처입은 것이 아직도 낫지 않았습니까?

B : 의사 선생님께서 곧 좋아진다고 말씀하셨습니다.

A : 당신이 현재 맞은 것은 무엇입니까?

B : 페니실린입니다.

A : 페니실린을 맞으면 아픕니까?

B : 아파도 참아야 합니다.

A : 저는 이전에 반달 동안 계속 주사를 맞아서 지금 주사소리만 들어도 질립니다.

B : 저도 질렸습니다만, 주사를 맞는 것이 약을 먹는 것보다 효과가 좋습니다.

中药	zhōngyào	한방약
西药	xīyào	양약
药面, 药粉	yàomiàn, yàofěn	가루약
药片	yàopiànr	정제, 알약
胶囊	jiāonáng	캡슐
药水	yàoshuǐ	물약
药丸(儿)	yàowán(r)	환약
汤药	tāngyào	탕약
煎服	jiānfú	달여 마시다
膏药	gāoyào	고약
眼药	yǎnyào	안약
体温表	tǐwēnbiǎo	체온계
口罩	kǒuzhào	마스크
绷带	bēngdài	붕대
听诊器	tīngzhěnqì	청진기
病床	bìngcháng	병상
维它命	wéitāmìng	비타민
药箱	yàoxiāng	약상자
消毒	xiāodú	소독하다
药棉	yàomián	약솜, 탈지면
手术刀	shǒushùdāo	메스(mes)
注射器	zhùshèqì	주사기
开刀	kāidāo	수술하다
医院	yīyuàn	병원
中医院	zhōngyīyuàn	한의원
军医院	jūnyīyuàn	군병원
划破	huápò	휘저어 찢다, 째다

扎刺	zhācì	가시가 박히다
太平间	tàipíngjiān	영안실
烫伤	tàngshāng	화상(을 입다)
烧伤	shāoshāng	화상(을 입다)
腿扭	tuǐniǔ	다리를 삐다
起泡	qǐpào	물집이 생기다
伤失膏	shāng shī gǎo	파스를 붙이다
病房	bìngfáng	병실
急救室	jíjiùshì	응급실
血浆	xuèjiāng	혈장
流鼻血	liúbíxuè	코피를 흘리다
吊针	diàozhēn	링겔주사
打针	dǎzhēn	주사를 맞다
扎针	zházhēn	침을 놓다
葡萄糖	pútáotáng	포도당
青霉素	qīngméisù	페니실린
链霉素	liànméisù	스트렙토마이신
阿司匹林	āsīpǐlín	아스피린
住院	zhùyuàn	입원하다
退院	tuìyuán	퇴원하다

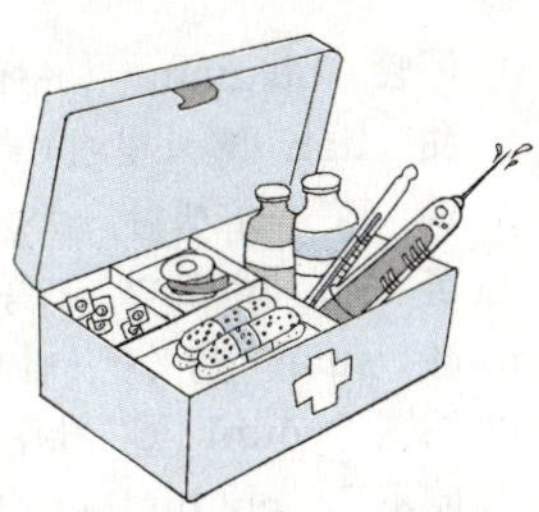

Nǐ ài chī shénme?
A：你爱吃什么？

Nǐ shuō de shì zhōngguó cài, hái shi hánguó cài?
B：你说的是中国菜，还是韩国菜？

Bùguǎn nǎzhǒng dōuxíng.
A：不管哪种都行。

Wǒ tèbié xǐhuan zhōngguó cài.
B：我特别喜欢中国菜。

Nǐ ài chī tiánshí ma?
A：你爱吃甜食吗？

Bù xǐhuan, wǒ xǐhuan là de.
B：不喜欢，我喜欢辣的。

Nǐ kǒuzhòng ma?
A：你口重吗？

Wǒ suān, tián, kǔ, là, dōu néng chī.
B：我酸，甜，苦，辣，都能吃。

Nàme yóunì de dōngxi zěnmeyàng?
A：那么油腻的东西怎么样？

Yóunì de wǒ chī bu liǎo.
B：油腻的我吃不了。

어휘
1. 不管　bù guān　（～에）관계하지 않다, 관계없다
2. 甜　tián　形　(맛이)달다, (생활이)즐겁다, 행복하다
3. 辣　là　形　맵다, 얼얼하다, 지독하다, 혹독하다, 잔인하다
4. 苦　kǔ　形　쓰다, 고통스럽다, 고생스럽다, 고되다, 괴롭다
5. 酸　suān　形　(맛, 냄새 따위가)시다, 시큼하다
6. 油腻　yóunì　形　기름지다, 기름기가 많다　名　기름진 식품
7. 吃不了　chī bu liǎo　먹을 수 없다

본문해석

A : 당신은 무엇을 즐겨 드십니까?

B : 당신 말씀은 중국요리입니까, 아니면 한국요리입니까?

A : 어떤 종류에 관계없이 모두 됩니다.

B : 저는 특히 중국요리를 좋아합니다.

A : 당신은 단 음식을 좋아합니까?

B : 좋아하지 않습니다. 저는 매운 것을 좋아합니다.

A : 당신은 자극적인 음식을 좋아합니까?

B : 저는 신것, 단것, 쓴것, 매운것, 모두 먹을 수 있습니다.

A : 그럼 기름진 것은 어떻습니까?

B : 기름진 음식은 먹을 수 없습니다.

KEY POINT

✿ 是 ~ 还是

是~还是는 선택관계를 표시하는 접속어이다. 이것으로 구성된 복합문은 몇 개의 절로 몇 가지의 상황을 말하여 그중 임의로 1개 항을 선택할 수 있음을 표시한다. 상용형식은 '是A, 还是B?「A입니까, 아니면 B입니까?」'이다.

他**是**韩国人, **还是**中国人?

(당신은 한국인입니까, 아니면 중국인입니까?)

한국요리 명칭

平壤凉面	píngrǎng liángmiàn	평양식 물냉면
咸兴辣味凉面	xīanxīnglàwèi liángmiàn	함흥식 비빔냉면
牛尾汤	níuwěitāng	꼬리곰탕
泡菜	pàocài	김치
金齐	jīnqí	김치(한국)
煎鲜鱼糕	jiānxiānyǔgāo	생선전
绿豆煎饼	lùdòu jiānbǐng	녹두부침
什锦饭	shíjǐnfàn	비빔밥
火锅	huǒguo	신선로
饺子汤	jiǎozitāng	만두국
烤肉	kǎoròu	불고기
排骨	páigǔ	갈비
辣味牛肉汤	làwèiniúròutāng	육개장
紫菜饭	zǐcàifàn	김밥
海带汤	hǎidàitāng	미역국
豆芽汤	dòuyátāng	콩나물국
酱汤	jiàngtāng	된장국
鸭子汤	yāzītāng	오리탕
参鸡汤	shēnjītāng	삼계탕
排骨汤	páigǔtāng	갈비탕
糯米糕	nuòmǐgāo	참쌀떡
炒米饭	chǎomǐfàn	볶음밥
煎饼	jiānbǐng	전병
生鱼片	shēngyúpiàn	생선회
生肉片	shēngròupiàn	육회
煎饺子	jiānjiǎozi	튀긴만두
鸡蛋汤	jīdàntāng	계란국

중국요리 명칭

北京烤鸭	běijīng kǎoyā	북경오리구이
猪肉类	zhūròulèi	돼지고기요리
牛肉类	niúròulèi	쇠고기요리
鱼类	yúlèi	생선요리
清蒸全鱼	qīngzhēngquányú	생선찜
蔬菜类	shūcàilèi	야채요리
奶油菜心	nǎiyóucàixīn	채소볶음
豆腐类	dòufulèi	두부요리
麻婆豆腐	mápódòufu	마파두부
汤类	tānglèi	수프류
鸡蛋类	jīdànlèi	달걀요리
芙蓉蟹	fúróngxiè	부용계조림
面, 饭	miàn, fàn, mǐfěnlèi	면, 밥
虾仁炒面	xiārén chǎomiàn	새우구이국수
榨菜	zhàcài	김치(四川省)
泡菜	pàocài	중국식 피클
拌海蜇	bànhǎizhé	해파리냉채
燕窝类	yànwōlèi	제비집요리
四喜燕窝	sìxǐyànwō	제비탕
鱼翅类	yúchìlèi	상어지느러미 요리
鲍鱼类	bàoyúlèi	전복요리
海参类	hǎishēnlèi	해삼요리
蚝油烧海参	háoyóu shāohǎishēn	해삼조림
虾类	xiālèi	새우요리
蟹类	xièlèi	게요리
鸡类	jīlèi	닭요리
鸭类	yālèi	오리요리

Jiǔshí niándài mò, Hánguó biànhuà zhēn dà.
A：90年代末，韩国变化真大。

Duì a, lìshǐshang dì yícì quánlì yíjiāo, yóu fēizhízhèngdǎng hòubǔ
B：对啊，历史上第一次权力移交，由非执政党候补

dāng xuǎn zǒngtǒng.
当选总统。

Hánguó zǒngtǒng xuǎnjǔ jīliè ma?
A：韩国总统选举激烈吗？

Duì, yīnwèi yǒu hǎo jǐge zǒngtǒng hòubǔ jìngxuǎn, suǒyǐ xiǎnde géwài
B：对，因为有好几个总统候补竞选，所以显得格外

de jīliè.
的激烈。

Hòubǔ zài yóushuìchǎng, yǎnshuō de shíhou, fǎnyīng zěnmeyàng?
A：候补在游说场，演说的时候，反应怎么样？

어휘

1. 历史　lìshǐ　名　역사
2. 权力　quánlì　名　권력, 권한
3. 移交　yíjiāo　動　넘겨주다, 인도하다, 사무를 인계하다, 이관하다
4. 非执政党　fēizhízhèngdǎng　名　야당(↔执政党)
5. 候补　hòubǔ　名　후보
6. 总统　zǒngtǒng　名　대통령, 총통
7. 激烈　jīliè　形　치열하다, 격렬하다, 극렬하다, 맹렬하다
8. 显得　xiǎnde　動　(어떠한 상황이)드러나다, ~하게 보이다
9. 格外　géwài　副　각별히, 특별히, 유달리, 달리, 그외에, 별도로
10. 游说　yóushuì　動　유세하다
11. 演说　yǎnshuō　名動　연설(하다)
12. 集会　jíhuì　名動　집회(하다)
13. 投票　tóupiào　名動　투표(하다)
14. 秘密　mìmì　形　비밀이다　名　비밀, 비밀스러운 일

Hòubǔ zài xuǎnqū jǔxíng le dàxíng jíhuì, lái de rén duì zhècì xuǎnjǔ
B: 候补在选区举行了大型集会，来的人对这次选举

tīng děi hěn rènzhēn.
听得很认真。

Hái jìnxíng le diànshì tǎolùn, qíngkuàng zěnmeyàng?
A: 还进行了电视讨论，情况怎么样？

Gě hòubǔ zhījiān gōngfáng de hěn jīliè.
B: 各候补之间攻防得很激烈。

Nǐ tóu le shuí de piào?
A: 你投了谁的票？

Zhè shì wǒ de mìmì.
B: 这是我的秘密。

본문해석

A : 90년대말, 한국의 변화는 정말 컸습니다.

B : 그래요, 역사상 첫번째로 정권이 교체되었는데, 야당후보가 대
통령으로 당선되었습니다.

A : 한국 대통령선거는 치열합니까?

B : 예, 많은 대통령후보가 입후보하기 때문에, 유달리 치열하게 보
입니다.

A : 후보가 유세장에서, 연설할 때 반응은 어떻습니까?

B : 후보가 선거구역에서 대형집회를 여는데, 오는 사람들은 이번
선거에 대해 매우 자세하게 들었습니다.

A : 또 TV 토론이 진행되었는데, 상황은 어떠했습니까?

B : 각 후보들간의 공방이 매우 치열했습니다.

A : 당신은 누구에게 투표했습니까?

B : 저의 비밀입니다.

里根	Lǐgēn	레이건
尼克松	Níkèsōng	닉슨
肯尼迪	Kěnnídí	케네디
华盛顿	Huáshèngdùn	워싱턴
林肯	Línkěn	링컨
罗斯福	Luósīfú	루스벨트
基辛格	Jīxīn'gé	키신저
卓别林	Zhuōbiélín	채플린
伊丽莎白女王	Yīlìshābái nǚwáng	엘리자베스 여왕
查理王子	Chálǐ wángzǐ	찰스 황태자
戴安娜王妃	Dài'ānnà wángfēi	다이애너비
撒切尔	Sāqiè'ěr	대처
密特朗	Mìtèláng	미테랑
沙特	Shātè	사르트르
列宁	Liènín	레닌
斯大林	Sīdàlín	스탈린
赫鲁晓夫	Hèlǔxiǎofū	후르시초프
戈尔巴乔夫	Gē'ěrbāqiáofū	고르바초프
(科拉松)阿基诺夫人	(Kēlāsōng) Ājīnuò fūren	아키노 부인
马科斯	Mǎkēsī	마르코스
爱因斯坦	Àiyīnsītǎn	아인슈타인
托夫勒	Tuōfūlè	토플러
居里夫人	Jūlǐ fūren	퀴리 부인
牛顿	Niúdùn	뉴튼
伽利略	Jiālìlüè	갈릴레오
亚里斯多德	Yàlǐsīduōdé	아리스토텔레스
莎士比亚	Shāshìbǐyà	셰익스피어

莫里哀	Mòlǐ'āi	몰리에르
托尔斯泰	Tuō'ěrsītài	톨스토이
哥德	Gēdé	괴테
黑格尔	Hēigé'ěr	헤겔
泰戈尔	Tàigē'ěr	타고르
肖伯纳	Xiāo Bónà	버너드 쇼우
海明威	Hǎimíngwēi	헤밍웨이
巴赫	Bāhè	바흐
莫扎特	Mòzhātè	모차르트
贝多芬	Bèiduōfēn	베토벤
舒伯特	Shūbótè	슈베르트
门德尔松	Méndé'ěrsōng	멘델스존
肖邦	Xiāobāng	쇼팽
柴可夫斯基	Cháikěfūsījī	차이코프스키
施特劳斯	Shītèláosī	스트라우스
爱迪生	Àidíshēng	에디슨
达芬奇	Dáfēnqí	레오나르도다빈치
哥伦布	Gēlúnbù	콜럼버스
李斯特	lǐsītè	리스트

보충 어휘

Nǐ fūren cài zuò de hǎo ma?
A: 你夫人菜做得好吗？

Wǒ àirén cài shāo de hěnhǎo.
B: 我爱人菜烧得很好。

Nǐ xià guo chúfáng ma?
A: 你下过厨房吗？

Wǒ yě jīngcháng xià chúfáng, shāocài zhǔfàn.
B: 我也经常下厨房，烧菜煮饭。

Nǐ néng zuò jǐdào náshǒucài?
A: 你能做几道拿手菜？

Sān, sì dào ba.
B: 三，四道吧。

Wǒ zuìjìn cái xué le yìdiǎn pēngrèn jìshù, néng zuò jǐdào jiǎndān de cài.
A: 我最近才学了一点烹饪技术，能做几道简单的菜。

Nǐ tāng shāo de hǎo ma?
B: 你汤烧得好吗？

어휘

1. 夫人　fūren　名　부인, 본처
2. 下　xià　動　~로 가다　*下厨房 부엌에 가서 일하다
3. 厨房　chúfáng　名　부엌, 주방
4. 烧菜　shāocài　動　(불을 사용하여)요리를 만들다
5. 煮饭　zhǔfàn　動　밥을 짓다
6. 道　dào　量　반찬 종류를 세는 양사
7. 烹饪　pēngrèn　名動　요리(하다)
8. 简单　jiǎndān　形　간단하다, 단순하다
9. 鸡蛋　jīdàn　名　계란, 달걀
10. 看样子　kàn yàng zī　견본을 보다, 모양을 보니 ~인 것 같다

Zhǐ néng shāo jīdàntāng.
A : 只能烧鸡蛋汤。

Kàn yàngzi, nǐ děi duō xuéxué.
B : 看样子，你得多学学。

본문해석

A : 당신 부인은 요리를 잘합니까?

B : 제 아내는 아주 잘합니다.

A : 당신은 부엌에 들어가 본 적이 있습니까?

B : 저도 자주 부엌에 들어가서 반찬을 만들고 밥을 합니다.

A : 당신은 몇 가지 자신있는 요리를 만들 수 있습니까?

B : 3개, 4개 정도요.

A : 저는 최근에 약간의 요리 기술을 배워서 몇 가지 간단한 요리를
할 수 있습니다.

B : 당신은 국을 잘 끓이십니까?

A : 계란국만 끓일 수 있습니다.

B : 보아하니, 당신은 많이 배워야 하겠군요.

KEY POINT

✽ 常常

부사 常常은 「늘, 항상」이라는 뜻으로, 常으로 줄여 말하기도 한다.
동사를 수식하여 부사어가 되어 동작이 발생하는 횟수가 많음을 표시
한다. 부정형식은 不常이고 일반적으로 不常常은 사용하지 않는다.
他**常常**到这儿来。 (그는 늘 이곳에 온다)

勺子	sháozī	(좀 큰)국자
刀子	dāozī	작은칼
高压锅	gāoyāguō	압력솥
菜刀	càidāo	부엌칼, 식칼
夹子	jiāzī	집게
杯子	bēizī	잔
碗	wǎn	주발, 공기, 그릇
盘子	pánzī	쟁반
筷子	kuàizī	젓가락
煮	zhǔ	삶다, 끓이다
炖	dùn	뭉근한 불로 조리다
炒	chǎo	기름으로 볶다
爆	bào	센 불로 재빨리 볶다
炸	zhá	튀기다
烹	pēng	기름에 볶고 조미료를 치다
烧	shāo	가열하다
蒸	zhēng	찌다
拌	bàn	고르게 섞다
烤	kǎo	불에 직접 굽다
火锅	huǒguō	냄비
酱油	jiàngyóu	간장
酱	jiàng	된장
盐	yán	소금
糖	táng	설탕
醋	cù	식초
味精	wèijīng	미원
番茄酱	fānqiéjiàng	케첩

蛋黄酱	dànhuángjiàng	마요네즈
胡椒	hújiāo	후추
芥末	jièmò	겨자
(生)姜	(shēng)jiāng	생강
辣椒	làjiāo	고추
辣根	làgēn	고추냉이
花椒	huājiāo	산초
大料	dàiliào	팔각
花生油	huāshēngyóu	낙화생기름
菜子油	càizǐyóu	영지기름
香油	xiāngyóu	참기름
米糠油	mǐkāngyóu	쌀겨기름
棉子油	miánzǐyóu	면실유
桐油	tóngyóu	오동기름
芝麻	zhīmá	깨
蜂蜜	fēngmì	벌꿀
蜂乳	fēngrú	로얄제리
果脯	guǒfǔ	말린과일
速冻食品	sùdòngshípǐn	냉동 식품
甜	tián	달다
酸	suān	시다, 시큼하다
苦	kǔ	쓰다
辣	là	맵다
淡	dàn	싱겁다
咸	xián	짜다, 소금기 있다
腥	xīng	비리다
涩	sè	떫다

Yào mǎi shénme?
A：要买什么？

Mǎi yìxiē huàzhuāngpǐn hé rìyòngpǐn.
B：买一些化妆品和日用品。

Zhèli dōu yǒu, suíbiàn tiāo ba.
A：这里都有，随便挑吧。

Xiān gěi wǒ yìpíng xǐfàjīng, yíkuài xiāngzào hé yìpíng fàrǔ.
B：先给我一瓶洗发精，一块香皂和一瓶发乳。

Hái yào bié de ma?
A：还要别的吗？

Qǐng gěi wǒ kàn yíxià xiàlùshuǐ, hé xuěhuāgāo.
B：请给我看一下夏露水，和雪花膏。

Shì xīn chū de, hěn hǎo, érqiě jiàgé yě bú guì.
A：是新出的，很好，而且价格也不贵。

Zhè xiē dōu yào, qǐng zài gěi yíge yágāo, suànyisuàn yígòng duōshao qián.
B：这些都要，请再给一个牙膏，算一算一共多少钱。

어휘

1. 化妆品　huàzhuāngpǐn　图 화장품
2. 日用品　rìyòngpǐn　图 일용품
3. 发乳　fàrǔ　图 헤어크림
4. 夏露水　xiàlùshuǐ　图 스킨
5. 雪花膏　xuěhuāgāo　图 배니싱크림
6. 价格　jiàgé　图 가격
7. 总共　zǒnggòng　副 모두, 전부, 합쳐서, 도합

Zŏnggòng bāshí liù kuài sì máo sān.
A : 总共86块4毛3。

Qǐng gěi bāo shàng.
B : 请给包上。

Hǎo, mǎshàng jiù gěi bāo hǎo.
A : 好, 马上就给包好。

본문해석

A : 무엇을 사시겠습니까?

B : 약간의 화장품과 일용품을 사겠습니다.

A : 여기에 모두 있으니까 마음대로 고르십시오.

B : 먼저 저에게 샴푸 한 병, 세숫비누 한 개와 헤어크림(무스) 한 병 주십시오.

A : 또 다른 것이 필요하십니까?

B : 저에게 스킨과 배니싱 크림 좀 보여주십시오.

A : 새로 나온 제품인데, 매우 좋고 가격도 비싸지 않습니다.

B : 이것들이 모두 필요합니다. 또 치약 하나 주십시오. 모두 얼마인지 계산해 보십시오.

A : 합계가 86원 43전입니다.

B : 포장 좀 해주십시오.

A : 예, 곧 포장해 드리겠습니다.

(zài wénjùdiàn) Tóngzhì, wǒ yào mǎi yíge běnzi.
A：（在文具店）同志，我要买一个本子。

Nǐ mǎi shénme běnzi?
B：你买什么本子？

Wǒ yào liànxíběn.
A：我要练习本。

Yào yǒu gézi de ma?
B：要有格子的吗？

Yǒu xiàn de jiù xíng.
A：有线的就行。

Zhè yàng de?
B：这样的？

Xíng, zhè liànxíběn yǒu duōshao zhāng?
A：行，这练习本有多少张？

Yì bǎi duō zhāng.
B：一百多张。

어휘
1. 文具店　wénjùdiàn　名 문방구점
2. 练习本　liànxíběn　名 연습장
3. 格子　gézi　名 격자, 네모나게 줄을 긋거나 친 것
4. 线　xiàn　名 실, 선, 줄
5. 多　duō　(수량사 뒤에 쓰여) ~여[남짓]
6. 纸　zhǐ　名 종이
7. 太　tài　副 지나치게, 몹시, 너무
8. 薄　báo　形 얇다
9. 厚　hòu　形 두껍다

Zhè zhǐ tài báo le, yǒu hòu yìdiǎn de ma?
A：这纸太薄了，有厚一点的吗？

Yǒu, zhè shì hòu de.
B：有，这是厚的。

Qǐng suàn qián.
A：请算钱。

Wǔ kuài.
B：5 块。

본문해석

A : (문구점) 여보세요, 저는 노트 한 권을 사려고 합니다.

B : 무슨 노트를 사려고 합니까?

A : 연습장을 사려고 합니다.

B : 줄이 그어진 것을 원하십니까?

A : 줄이 있는 것이면 됩니다.

B : 이런 종류는요?

A : 됩니다. 이 연습장은 몇 장입니까?

B : 백 장쯤 됩니다.

A : 이 종이는 너무 얇습니다. 약간 두꺼운 것이 있습니까?

B : 있습니다. 이것이 두꺼운 것입니다.

A : 얼마입니까?

B : 5원입니다.

铅笔	qiānbǐ	연필
钢笔	gānbǐ	만년필
圆珠笔	yuánzhūbǐ	볼펜
活心铅笔	huóxīnqiānbǐ	샤프펜슬
自动铅笔	zìdòngqiānbǐ	샤프펜슬
毛笔	máobǐ	붓
软笔	ruǎnbǐ	사인펜
油画笔	yóuhuàbǐ	유화붓
万能笔	wànnéngbǐ	펠트펜, 매직펜
橡皮	xiàngpí	지우개
墨水	mòshuǐ	잉크
笔记本	bǐjìběn	노트
蜡笔	làbǐ	크레용
粉笔	fěnbǐ	백묵, 분필
削笔刀	xiāobǐdāo	연필깎기
砚台	yàntái	벼루
镇纸	zhènzhǐ	문진
穿孔机	chuānkǒngjī	펀치
订书机	dìngshūjī	호치키스
曲别针	qǔbiézhēn	클립
图钉	túdīng	압정
(打)算盘	(dǎ)suànpán	주판(을 놓다)
计算机	jìsuànjī	계산기
(电子)计算器	(diànzǐ)jìsuànqì	전자계산기
打字机	dǎzìjī	타이프라이터
文字处理机	wénzìchǔlǐjī	워드프로세서
浆糊	jiànghu	풀

透明胶布	tòumíngjiāobù	스카치테이프
尺子, 规尺	chǐzi, guīchǐ	자
圆规	yuánguī	컴퍼스
量角器	liàngjiǎoqì	분도기
绘图仪器	huìtú yíqì	제도기
相册	xiàngcè	앨범
笔盒	bǐhé	필통
纸板	zhǐbǎn	골판지
牛皮纸	niúpízhǐ	크레프트지
复写纸	fùxiězhǐ	카본지
复印纸	fùyìnzhǐ	복사용지
复印机	fùyìnjī	복사기
电脑	diànnǎo	컴퓨터
软磁盘	ruǎncípán	플로피디스크
公文箱	gōngwénxiāng	공문서보관함

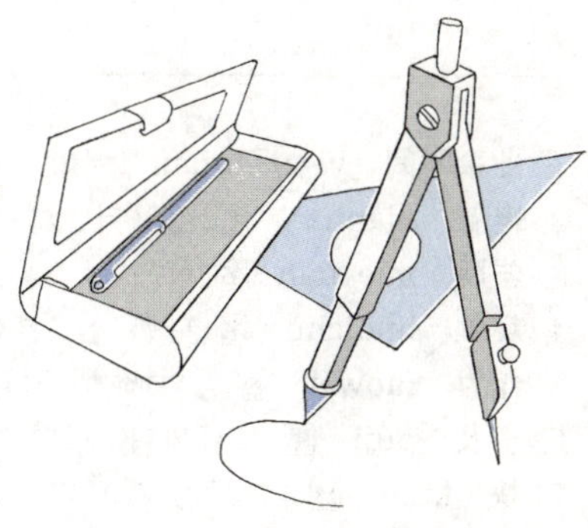

Nǐ zuìjìn zěnme bú zài jiā, wǒ zěnme yě liánxì bu shàng.

A：你最近怎么不在家，我怎么也联系不上。

Ňg, wǒ xiànzài, yèyú shíjiān shàng diànnǎo xuéyuàn.

B：嗯，我现在，业余时间上电脑学院。

Zěnme, nǐ shàng diànnǎo xuéyuàn?

A：怎么，你上电脑学院？

Shì a, wǒmen shì xiàndài shèhuì de rén le, duō xué yìdiǎn méiyǒu huàichu.

B：是啊，我们是现代社会的人了，多学一点没有坏处。

Nǐ jiǎng de duì, zuòwéi yíge xiàndài rén, yīnggāi yào xué diànnǎo.

A：你讲的对，作为一个现代人，应该要学电脑。

Nǐ kàn xiàn zài diànnǎo pǔjí de zhēn kuài, rúguǒ bù xué, zěnme yòng dōu

B：你看现在电脑普及的真快，如果不学，怎么用都

bù zhīdào, nǐ shuō xíng ma?

不知道，你说行吗？

Bù zhī hǎo xué bù hǎo xué?

A：不知好学不好学？

어휘　　1. 业余时间　yèyú shíjiān　여가 시간
　　　　2. 电脑　diànnǎo　名 컴퓨터
　　　　3. 学院　xuéyuàn　名 학원
　　　　4. 坏处　huàichu　名 나쁜 점, 결점, 해로운 점
　　　　5. 作为　zuòwéi　動 ~의 신분[자격]으로서, ~로 하다, ~으로 삼다
　　　　6. 普及　pǔjí　動 보급되다, 보편화시키다
　　　　7. 快　kuài　形 (속도가)빠르다
　　　　8. 容易　róngyì　形 쉽다, 용이하다

Gāng xué de shíhou yǒudiǎn nán, dàng nǐ huìyòng de shíhou, jiù jué hěn róng

B : 刚学的时候有点难， 当你会用的时候， 就觉很容

yì le.

易了。

Děi xué duō cháng shíjiān?

A : 得学多长时间？

Yì liǎng ge yuè ba.

B : 一两个月吧。

본문해석

A ： 최근에 왜 집에 계시지 않았습니까? 제가 아무리 해도 연락할
　　 수 없었습니다.

B ： 응, 저는 지금, 여가 시간에 컴퓨터 학원에 다닙니다.

A ： 왜 컴퓨터 학원에 다닙니까?

B ： 예, 우리들은 현대사회인입니다. 많이 배워서 조금도 나쁠 것이
　　 없습니다.

A ： 당신 말씀이 맞습니다. 현대인으로서 반드시 컴퓨터를 배워야
　　 합니다.

B ： 현재 컴퓨터 보급이 매우 빠릅니다. 만일 배우지 않으면 어떻게
　　 사용하는가도 모르는데 그러면 됩니까?

A ： 배우기가 쉬운지 어려운지 모르겠군요?

B ： 처음 배울 때는 약간 어렵습니다만, 당신이 사용할 수 있을 때
　　 는 쉽다고 느끼게 됩니다.

A ： 얼마나 오래 배워야 합니까?

B ： 한두 달이면 됩니다.

电视(机)	diànshì(jī)	텔레비전
黑白电视机	hēibái diànshìjī	흑백 텔레비전
彩色电视机, 彩电	cǎisè diànshìjī, cǎidiàn	컬러 텔레비전
收音机	shōuyīnjī	라디오
录音机	lùyīnjī	테이프 리코더, 녹음기
磁带	cídài	테이프
收音录音机, 两用机	shōuyīn lùyīnjī, liǎngyòngjī	라디오 카세트
录像机	lùxiàngjī	비디오 테이프 리코더
录像带	lùxiàngdài	비디오 테이프
电唱机	diànchàngjī	레코드 플레이어
激光唱机	jīguāng chàngjī	CD플레이어
唱片	chàngpiàn	레코드
激光唱片	jīguāng chàngpiàn	콤팩트 디스크
扬声器	yángshēngqì	스피커
话筒, 麦克风	huàtǒng, màikefēng	마이크로폰
洗衣机	xǐyījī	세탁기
干燥机	gānzàojī	건조기
电冰箱	diànbīngxiāng	냉장고
吸尘器	xīchénqì	청소기
电热(水)壶	diànrè(shuǐ)hú	전기 포트
电饭锅	diànfàn'guō	전기밥솥
微波炉	wēibōlú	전자레인지
电烤箱	diànkǎoxiāng	전기오븐
烤面包器	kǎomiànbāoqì	토스터
吹风机	chuīfēngjī	드라이어
空调(设备)	kōngtiáo(shèbèi)	공기조화(설비)
冷气设备	lěngqì shèbèi	냉각기

暖气设备	nuǎnqì shèbèi	난방기
电扇	diànshàn	선풍기
煤油炉(子)	méiyóulú(zi)	석유난로
电炉	diànlú	전기난로, 전기곤로
日光灯	rìguāngdēng	형광등
台灯	táidēng	전기스탠드
(电)灯泡	(diàn)dēngpào	전구
微型放音机, 游步人	wēixíng fàngyīnjī, yóubùrén	워크맨
高清晰度电视	gāoqīngxīdù diànshì	고감도 텔레비전
小影碟	xiǎoyǐngdié	비디오 CD
手电筒	shǒudiàntǒng	회중(손)전등
插头	chātóu	플러그
开关	kāiguān	스위치
路灯	lùdēng	가로등
电炉子	diànlúzi	전기난로
煤气炉	méiqìlú	가스레인지
家用锅炉	jiāyòng guōlú	가정용 보일러
组合音响	zǔhé yīnxiǎng	오디오
原声带	yuánshēngdài	오리지널 테이프
摇控	yáokòng	리모콘
频道	píndào	채널
立体声	lìtǐshēng	스테레오
音箱	yīnxiāng	공명상자
复印机	fùyìnjī	복사기
吸尘器	xīchénqì	진공청소기
复制录音带	fùzhì lùyīndài	녹음 테이프, 복사본
干电池	gāndiànchí	건전지

보충어휘

电风扇	diànfēngshàn	선풍기
三包	sānbāo	상품의 애프터서비스
		① 包修(책임수리)
		② 包退
		(불량품 반품 보장)
		③ 包换
		(불량품 교환 보증)
保修证	bǎoxiūzhèng	책임수리증
抽风机	chōufēngjī	환풍기
全自动洗衣机	quánzìdòng xǐyījī	전자동 세탁기
果汁机	guǒzhījī	믹서
电勺	diànsháo	전기 프라이팬
耳机	ěrjī	이어폰
电褥子	diànrùzi	전기장판
电脑	diànnǎo	컴퓨터
电熨斗	diànyùndǒu	전기다리미
空调	kōngtiáo	에어컨
电子琴	diànzǐqín	전자오르간
脱水机	tuōshuǐjī	탈수기
双卡录音机	shuāngkǎ lùyīnjī	더블 카세트 녹음기
单卡录音机	dānkǎ lùyīnjī	싱글 카세트 녹음기
袖珍式收录机	xiùzhēnshì shōulùjī	포켓형의 카세트
电算器	diànsuànqì	탁상전자계산기
微型电脑	wēixíng diànnǎo	마이크로컴퓨터
携带式电子计算机	xiédàishì diànzǐjìsuànjī	휴대식[노트북]컴퓨터
数字(显示)计算机	shùzì(xiǎnshi) jìsuànjī	디지털컴퓨터
模拟计算机	mónǐ jìsuànjī	아날로그컴퓨터

事务计算机	shìwù jìsuànjī	오피스컴퓨터
(电脑)存储器	(diànnǎo)cúnchǔqì	메모리
随机存取存储器	suíjīcúnqǔcúnchǔqì	RAM
只读存储器	zhǐdúcúnchǔqì	ROM
计算功能	jìsuàn gōngnéng	계산기능
软件	ruǎnjiàn	소프트웨어
硬件	yìngjiàn	하드웨어
显示器(显象管)	xiǎnshìqì(xiǎnxiàngguǎn)	디스플레이(브라운관)
语音识别	yǔyīn shíbié	음성식별
字节	jìjié	바이트
微处理机	wēi chǔlǐjī	마이크로프로세서
中央处理机	zhōngyāng chǔlǐjī	센트럴프로세서
图形打印机	túxíng dǎyìnjī	그래픽프린터
软磁盘	ruǎncípán	플로피디스크
磁盘	cípán	자기(磁氣)디스크
磁带	cídài	자기테이프
程序	chéngxù	프로그램
排除错误	páichúcuòwù	디버깅
存取	cúnqǔ	액세스
成批处理	chéngpī chǔlǐ	일괄처리
实时处理	shíshí chǔlǐ	실제시간처리
联机	liánjī	온라인
模式识别	móshì shíbié	패턴식별
分时系统	fēnshí xìtǒng	시분할(時分割)

보충어휘

A：（服务员）这是四川出的熊猫，它主要吃竹子叶。
(fúwùyuán) Zhè shì Sìchuān chū de xióngmāo, tā zhǔyào chī zhúzi yè.

B：你看它很懂人情，还给人打招呼呢。
Nǐ kàn tā hěn dǒng rénqíng, hái gěi rén dǎzhāohu ne.

A：这是经过训练的结果。
Zhè shì jīngguò xùnliàn de jiéguǒ.

B：那是东北虎吗？
Nà shì Dōngběi hǔ ma?

A：是的，这种老虎主要活动在长白山森林中，但现在不超过100只左右。
Shì de, zhèzhǒng lǎohǔ zhǔyào huódòng zài Chángbáishān sēnlín zhōng, dàn xiàn zài bù chāo guò yì bǎi zhī zuǒ yòu.

B：这是什么鱼？
Zhè shì shénme yú?

A：是从非洲运来的热带鱼。旁边的是太平洋出的鲨鱼。
Shì cóng Fēizhōu yùn lái de rèdàiyú. Pángbiān de shì Tàipíngyáng chū de shāyú.

어휘

1. 熊猫　xióngmāo　名 팬더
2. 竹子　zhúzi　名 대나무
3. 打招呼　dǎzhāohu　가볍게 인사하다
4. 训练　xùnliàn　名動 훈련(하다)
5. 鲨鱼　shāyú　名 상어
6. 动物　dòngwù　名 동물
7. 两栖　liǎngqī　動 땅에서도 물에서도 살다
8. 陆地　lùdì　名 육지, 뭍
9. 稀有　xīyǒu　形 적다, 드물다, 희소하다

Zhè dòngwùyuán, yǒu duōshao zhǒng dòngwù?
B : 这动物园，有多少种动物？

Yǒu jǐ qiān zhǒng, yǒu niǎolèi, yúlèi, liǎngqī dòngwù, hái yǒu yìbān
A : 有几千种，有鸟类，鱼类，两栖动物，还有一般

lùdì dòngwù.
陆地动物。

Zhèli xīyǒu dòngwù zhēn bù shǎo.
B : 这里稀有动物真不少。

본문해석

A : (봉사원) 이것은 사천에서 나오는 팬더인데, 그것은 주로 대나
무잎을 먹습니다.

B : 보십시오, 팬더는 인정을 잘 알고, 또 사람에게 인사도 하는군요.

A : 이것은 훈련을 거친 결과입니다.

B : 저것은 동북호랑이입니까?

A : 예, 이런 호랑이는 주로 장백산 산림 중에서 활동하지만 현재는
100마리 정도를 넘지 못합니다.

B : 이것은 무슨 고기입니까?

A : 아프리카에서 운송해 온 열대어입니다. 옆에 있는 것은 태평양
에서 나오는 상어입니다.

B : 이 동물원에는 얼마나 많은 종류의 동물이 있습니까?

A : 수천 종이 있습니다. 조류, 어류, 양서동물, 또한 일반 육지동물
이 있습니다.

B : 이곳에는 희귀동물이 정말로 많군요.

狗	gǒu	개
猫	māo	고양이
猴(子)	hóu(zi)	원숭이
狐(狸)	hú(li)	여우
兔(子)	tù(zi)	토끼
(老)鼠	(lǎo)shǔ	쥐
(老)虎	(lǎo)hǔ	호랑이
马	mǎ	말
牛	niú	소
猪	zhū	돼지
羊	yáng	양
山羊	shānyáng	염소
驴	lǘ	당나귀
熊	xióng	곰
熊猫	xióngmāo	팬더
桉树熊	ānshùxióng	코알라
象	xiàng	코끼리
河马	hémǎ	하마
长颈鹿	chángjǐnglù	기린
麻雀	máquè	참새
鸡	jī	닭
蛇	shé	뱀
龟	guī	거북
鸽子	gēzi	비둘기
鹰	yīng	매
袋鼠	dàishǔ	캥거루
野鸡	yějī	꿩

狮子	shīzi	사자
貂子	diāozi	담비
狼	láng	이리
水貂	shuǐdiāo	밍크
松鼠	sōngshǔ	다람쥐
孔雀	kǒngquè	공작
鹿	lù	사슴
大雁	dàyàn	기러기
燕子	yànzi	제비
海豚	hǎitún	돌고래
鲸鱼	jīngyú	고래
鲨鱼	shāyú	상어
斑马	bānmǎ	얼룩말
鹅	é	거위
鹦鹉	yīngwǔ	앵무새
猫头鹰	māotóuyīng	부엉이
响尾蛇	xiǎngwěishé	방울뱀
骆驼	luòtuo	낙타
蝴蝶	húdié	나비
乌鸦	wùyā	까마귀
海马	hǎimǎ	해마
海狮	hǎishī	바다사자
海獭	hǎitǎ	해달
海象	hǎixiàng	바다코끼리
海蟹	hǎixiè	바닷게
海燕	hǎiyàn	바다제비
白鹤	báihè	백두루미, 백학

보충 어휘

Nǐ xiān bú yào zǒu.
A：你先不要走。

Wèishénme?
B：为什么？

Wǒliǎ kàn yíbù lùxiàngpiàn ba, wǒ yíge rén hěn wúliáo.
A：我俩看一部录像片吧，我一个人很无聊。

Nǐ zhèli yǒu shénme dàizi?
B：你这里有什么带子？

Yǒu àiqíngpiàn, kǒngbùpiàn, zhàndòupiàn, sèqíngpiàn dōu yǒu.
A：有爱情片，恐怖片，战斗片，色情片，都有。

Nà jiù kàn yíge ba.
B：那就看一个吧。

Kàn shénme nèiróng de.
A：看什么内容的。

Bù guān shénme dōu xíng.
B：不管什么都行。

어휘
1. 为什么　wèishénme　代　무엇 때문에, 어째서, 왜
2. 录像片　lùxiàngpiàn　名　비디오 영화
3. 无聊　wúliáo　形　심심하다, 따분하다
4. 带子　dàizi　名　테이프
5. 爱情片　àiqíngpiàn　名　애정영화
6. 恐怖片　kǒngbùpiàn　名　공포영화
7. 战斗片　zhàndòupiàn　名　전투영화
8. 色情片　sèqíngpiàn　名　색정영화, 도색영화
9. 放　fàng　動　(소리·빛 따위를)내다

Wǒ gěi nǐ fàng yíge hǎo de.
A : 我给你放一个好的。

Gěi fàng yí ge nèiróng jiànkāng de.
B : 给放一个内容健康的。

Hǎo, zhī dao le.
A : 好，知道了。

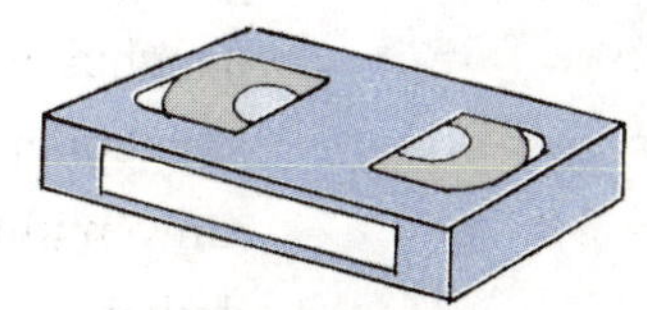

본문해석

A : 당신 먼저 가지 마십시오.

B : 왜 그렇습니까?

A : 우리 한 편의 비디오 영화를 봅시다. 저 혼자는 매우 심심합니다.

B : 여기에는 어떤 테이프가 있습니까?

A : 애정영화, 공포영화, 전쟁영화, 색정영화 모두 있습니다.

B : 그러면 한 개 봅시다.

A : 어떤 내용을 보시겠습니까?

B : 무엇이든 관계없이 모두 됩니다.

A : 제가 당신께 좋은 것을 틀어드리겠습니다.

B : 내용이 건전한 것을 한 개 틀어주십시오.

A : 좋습니다. 알겠습니다.

电影	diànyǐng	영화
中国片	Zhōngguópiàn	중국영화
外国片	wàiguópiàn	외국영화
彩色片	cǎicèpiàn	컬러영화
黑白片	hēibáipiàn	흑백영화
宽银幕	kuāngyínmù	와이드스크린
故事片	gùshipiàn	극영화
动画片	dònghuàpiàn	애니메이션영화
科教片	kējiàopiàn	과학교육영화
新闻记录片	xīnwén jìlùpiàn	뉴스영화
对白	duìbái	대사
演员	yǎnyuán	탤런트(배우, 가수 등)
字幕	zìmù	자막
配音	pèiyīn	번역녹음
解说	jiěshuō	해설
(电影)拷贝	(diànyǐng)kǎobèi	(영화의)필름
(电影)剧本	(diànyǐng)jùběn	(영화의)대본
古装戏	gǔzhuāngxì	고전극
看戏	kànxì	관극(하다)
京剧	jīngjù	경극(중국의 고전극)
歌舞剧	gēwǔjù	가무극
木偶戏	mù'ǒuxì	인형극
芭蕾舞	bāléiwǔ	발레
歌剧	gējù	오페라
哑剧	yǎjù	팬터마임
喜剧	xǐjù	희극
悲剧	bēijù	비극

话剧	huàjù	현대극
导演	dǎoyǎn	감독, 연출
男主角	nánzhǔjué	히어로, 남주인공
女主角	nǚzhǔjué	히로인, 여주인공
配角	pèijué	조연
主演	zhǔyǎn	주연
曲艺	qǔyì	민간 예능
马戏	mǎxì	곡마, 서커스
杂技	zájì	곡예, 서커스
美术片	měishùpiàn	(만화·인형 따위)영화
战斗片	zhàndòupiàn	전투영화
间谍片	jiàndiépiàn	첩보영화
推理片	tuīlǐpiàn	추리영화
侦探片	zhēntànpiàn	탐정영화
武术片	wǔshùpiàn	무술영화
爱情片	àiqíngpiàn	애정영화
喜剧片	xǐjùpiàn	희극영화
历史片	lìshǐpiàn	역사영화
暴力片	bàolìpiàn	폭력영화
恐怖片	kǒngbùpiàn	공포영화
黄色片	huángsèpiàn	포르노(애로)영화
纪录片	jìlùpiàn	기록영화
喜剧演员	xǐjù yǎnyuán	희극배우, 코메디언
电视节目	diànshì jiémù	텔레비전 프로그램
新闻联播	xīnwén liánbō	뉴스프로
威尼斯电影节	Wēinísī diànyǐngjié	베니스 영화제
奥斯卡电影节	Àosīkǎ diànyǐngjié	아카데미 영화제

Tiān lěng le, nǐmen jiā shāo shíyóu lúzi ma?

A : 天冷了，你们家烧石油炉子吗？

Wǒmen jiā bù shāo shíyou lúzi.

B : 我们家不烧石油炉子。

Nà shāo shénme ne.

A : 那烧什么呢。

Wǒmen jiā shāo huǒkàng.

B : 我们家烧火炕。

Huǒkàng nuǎnhuo ma?

A : 火炕暖和吗？

Hěn rè.

B : 很热。

Yìtiān shāo jǐge fēngwōméi?

A : 一天烧几个蜂窝煤？

Zuì duō sān ge, nǐ shuì de shì shénme?

B : 最多三个，你睡的是什么？

어휘

1. 烧　shāo　動 태우다, 불사르다
2. **石油**　shíyóu　名 석유
3. **炉子**　lúzi　名 아궁이, 화로, 난로
4. **蜂窝煤**　fēngwōméi　名 연탄
5. 睡　shuì　動 (잠을)자다
6. 铺　pū　動 (물건을)깔다, (자리를)펴다
7. **电褥子**　diànrùzi　名 전기담요

Wǒ shuì de shì chuáng.
A：我睡的是床。

Nàme lěng bu lěng?
B：那么冷不冷？

Ňg, chuáng shang pū le diànrùzi, yìdiǎn yě bù lěng.
A：嗯，床上铺了电褥子，一点也不冷。

본문해석

A ： 날씨가 추운데, 당신 집은 석유난로를 피웁니까?

B ： 저희 집은 석유난로를 피우지 않습니다.

A ： 그러면 무엇을 땝니까?

B ： 저희 집은 온돌을 땝니다.

A ： 온돌은 따뜻합니까?

B ： 매우 따뜻합니다.

A ： 하루에 몇 개의 연탄을 땝니까?

B ： 제일 많으면 세 장입니다. 당신은 어떻게 주무십니까?

A ： 저는 침대에서 잡니다.

B ： 그러면 춥습니까, 춥지 않습니까?

A ： 응, 침대에 전기담요를 깔아, 조금도 춥지 않습니다.

Tóngzhì, qǐng gěi kàn yíxià nà shuāng xié.
A : 同志，请给看一下那双鞋。

Zhè píxié shì jīnnián liúxíng de kuǎnshì.
B : 这皮鞋是今年流行的款式。

Jiàqian duōshao?
A : 价钱多少？

Yìbǎi jiǔshí kuài.
B : 190 块

Shì niúpí de ma?
A : 是牛皮的吗？

Duì, shì niúpí de, nǐ kàn pízi hěn ruǎn, wǒ kàn nǐ chuān zhèng héshì,
B : 对，是牛皮的，你看皮子很软，我看你穿正合适，

bù zhī nǐ jiǎo yǒu duōdà?
不知你脚有多大？

Èrshí jiǔ, nà nǚ shì gāogēnxié duō shao qián?
A : 29，那女式高跟鞋多少钱？

Yībǎi sānshí wǔ kuài qian.
B : 135 块钱。

어휘　1. 双　shuāng　量 쌍, 매, 켤레(쌍을 이룬 것에 대해 씀)
2. 皮鞋　píxié　名 가죽구두
3. 流行　liúxíng　名動 유행(하다), 성행(하다)
4. 款式　kuǎnshì　名 격식, 양식, 스타일
5. 价钱　jiàqian　名 가격, 값
6. 牛皮　niúpí　名 소가죽
7. 高跟鞋　gāogēnxié　名 하이힐
8. 人造革　rénzàogé　名 인조가죽

Shì shénme pízi de?
A : 是什么皮子的？

Shì rénzàogé de.
B : 是人造革的。

Kěyǐ shì chuān ma?
A : 可以试穿吗？

Zuò zài zhèr shì chuān ba.
B : 坐在这儿试穿吧。

본문해석

A : 여보세요, 저에게 저 신발 좀 보여주십시오.

B : 이 가죽 신발은 올해 유행하는 스타일입니다.

A : 가격이 얼마입니까?

B : 190원입니다.

A : 소가죽입니까?

B : 그렇습니다, 소가죽입니다. 보십시오, 가죽이 매우 부드럽습니다. 제가 보기에 당신이 신으면 꼭 맞겠는데, 당신 발 크기가 얼마나 됩니까?

A : 29입니다. 저 여자 하이힐은 얼마입니까?

B : 135원입니다.

A : 무슨 가죽입니까?

B : 인조가죽입니다.

A : 신어볼 수 있습니까?

B : 이쪽에 앉아서 신어보십시오.

A：
Chūnjié kuài dào le, nǐmen xiūxi jǐ tiān?
春节快到了，你们休息几天？

B：
Kěnéng fàng sì tiān jià.
可能放四天假。

A：
Nǐ niánhuò dōu mǎi le ma?
你年货都买了吗？

B：
Niánhuò dōu mǎi le, érqiě wǒ mǔqīn zuò le bù shǎo niángāo.
年货都买了，而且我母亲做了不少年糕。

A：
Sān shí wǎnshang zài jiā ma?
30 晚上在家吗？

B：
Sān shí wǎnshang. Wǒ gēge, jiějie dōu jù zài wǒmen jiā yìqǐ chī tuányuán
30 晚上。我哥哥，姐姐都聚在我们家一起吃团圆
fàn hé fàng biānpào.
饭和放鞭炮。

A：
Chūyī ne?
初一呢？

어휘

1. 春节　chūnjié　名　음력설
2. 年货　niánhuò　名　설에 쓰이는 음식(음식·기구·장식품 따위의) 일체의 물건
3. 而且　érqiě　接　게다가, ~뿐만 아니라, 또한
4. 年糕　niángāo　名　설떡
5. 团圆饭　tuányuánfàn　名　온가족이 한데 모여서 먹는 밥
6. 放鞭炮　fàng biānpào　폭죽을 터뜨리다
7. 初一　chūyī　名　월의 제1일(음력), 초하루
8. 祖父　zǔfù　名　조부, 할아버지
9. 拜年　bàinián　動　신년을 축하하다, 세배하다, 새해 인사를 드리다

Qù zǔfù hé niánjì dà de rén jiā li bàinián.
B : 去祖父和年纪大的人家里拜年。

Chū èr, chū sān ne.
A : 初二，初三呢。

Qù yìbān péngyou jiā bàinián, yìqǐ wán yi wán.
B : 去一般朋友家拜年，一起玩一玩。

본문해석

A : 설날이 다가왔는데, 당신들은 며칠 쉽니까?

B : 아마도 4일간 쉴 것입니다.

A : 당신은 설에 쓸 물건들을 모두 사셨습니까?

B : 설에 쓸 물건은 모두 샀고, 또한 제 어머니께서는 적지 않은 설 떡을 만드셨습니다.

A : 30일 저녁에 집에 계십니까?

B : 30일 저녁에 제 형, 누나가 모두 저희 집에 모여 함께 식사를 하고 폭죽을 터뜨립니다.

A : 초하룻날은요?

B : 할아버지와 연세가 많으신 분들께 세배를 올립니다.

A : 초이틀, 초사흘은요?

B : 일반 친구집에 가서 새해 인사를 나누고, 함께 놀이를 합니다.

Tóngzhì, nǐ lái kàn shénme lái le.
A：同志，你来看什么来了。

Lái kàn kan jiājù.
B：来看看家俱。

Duìbuqǐ, nǐmen lái mǎi jiéhūn yòng de jiājù, duì ma?
A：对不起，你们来买结婚用的家俱，对吗？

Shì zhèyàng, xiàgeyuè jiù yào jiéhūn le, dàn jiājù hái méi zhǔnbèi quán ne.
B：是这样，下个月就要结婚了，但家俱还没准备全呢。

Qǐng gēn wǒ lái, nǐ kàn zhè xiē shì jīnnián liúxíng de.
A：请跟我来，你看这些是今年流行的。

Zhè shūzhuō zěnme zhǐ yǒu liǎng ge-chōuti.
B：这书桌怎么只有两个抽屉。

Nà shì jiǎnyì yòng shūzhuō.
A：那是简易用书桌。

Nà yīguì, shāfā zěnme mài?
B：那衣柜，沙发怎么卖？

Nà bú shì yǒu biāoqiān ma?
A：那不是有标签吗？

Wǒ děi quánbù zǐxì kànkan, ránhòu zài juédìng mǎi.
B：我得全部仔细看看，然后再决定买。

어휘 1. 家俱　jiājù　名 가구, 세간　　2. 书桌　shūzhuō　名 책상
3. 简易　jiǎnyì　形 간단하고 쉬운, 간이한
4. 沙发　shāfā　名 소파　　5. 标签　biāoqiān　名 상표
6. 全部　quánbù　名 副 形 전부(의)
7. 仔细　zǐxì　形 자세하다, 세밀하다
8. 然后　ránhòu　接 연후에, 그러한 후에, 그리고 나서

본문해석

A : 여보세요, 무엇을 보러 오셨습니까?

B : 가구를 보러 왔습니다.

A : 실례지만, 당신은 결혼용 가구를 사러 오셨죠, 그렇지요?

B : 그렇습니다. 다음달에 결혼하려 하는데, 가구를 아직 준비하지 못했습니다.

A : 저를 따라오십시오. 보십시오, 이것들은 올해 유행하는 것입니다.

B : 이 책상은 왜 두 개의 서랍만 있습니까?

A : 그것은 간이용 책상입니다.

B : 그 옷장, 소파는 어떻게 팝니까?

A : 거기 상표까지 있지 않습니까?

B : 저는 모두 자세히 보고 난 후, 다시 결정해서 사겠습니다.

KEY POINT

✽ 全

全은 명사 앞에 있을 경우 형용사로서 관형어가 되어 사물의 전부 혹은 전체를 설명한다.

今天晚上**全**宿舍的同学都去看电影。

(오늘밤 모든 기숙사의 학우는 모두 영화를 보러 간다)

全은 동사 혹은 형용사의 앞에서는 부사로서 부사어가 된다. 동사 앞에 있으면 가리키는 대상이 모두 범위 이내에 있음을 설명하는데, 개괄되는 대상은 일반적으로 全의 앞에 놓인다. 형용사의 앞에 있으면 가리키는 대상의 성질·상태의 정도가 완전함을 설명한다.

他讲的话我**全**记下来了。 (그가 한 말을 나는 전부 기록했다)

Xiǎo Jīn, bāshí niándài Hánguó Àoyùnhuì kāi de búcuò ba?
A：小金，80年代韩国奥运会开的不错吧？

Shìa, zìcóng Guójì àowěihuì bǎ èrshí sì jiè Àoyùn jǔbàn quán gěi
B：是啊，自从国际奥委会把二十四届奥运举办权给

le Hánguó hòu, zài shìjiè gèguó de zhīchí xia, háiyǒu zài wǒmen Hánguó
了韩国后，在世界各国的支持下，还有在我们韩国

nǔlì xia, suǒyǐ bǎ Àolínpǐkè kāi de kōngqián juéhòu.
努力下，所以把奥林匹克开的空前绝后。

Wǒ juéde zài Àoyùn qījiān, zìyuàn fúwùduì zǔzhī de hěn hǎo.
A：我觉得在奥运期间，自愿服务队组织得很好。

Bùguāng shì zhèyàng, Hànchéng de jiāotōng yě zǔzhī de hěn hǎo.
B：不光是这样，汉城的交通也组织得很好。

Cóng diànshì shàng wǒ kàn dào le, Hánguó Àoyùn tǐyùchǎng, háiyǒu tǐyù
A：从电视上我看到了，韩国奥运体育场，还有体育

어휘

1. 奥运会　Àoyùnhuì　图 올림픽 대회
2. 届　jiè　量 회(回), 기(期), 차(次)
3. 举办　jǔbàn　动 행하다, 거행하다, 개최하다
4. 支持　zhīchí　动 지지하다, 후원하다
5. 努力　nǔlì　动 노력하다, 힘쓰다　图 노력
6. 空前绝后　kōngqián juéhòu　전대미문, 전무후무하다
7. 自愿服务队　zìyuàn fúwùduì　图 자원봉사대
8. 体育场　tǐyùchǎng　图 운동장, 스타디움, 그라운드
9. 设施　shèshī　图 시설, 시책
10. 传送　chuánsòng　动 전달하여 보내다
11. 希腊　Xīlà　图 그리스(Greece)
12. 客轮　kèlún　图 여객선　　　13. 首都　shǒudū　图 수도

chǎng shèshī, xuǎnshǒu cūn dōu tèbié hǎo.
场设施，选手村都特别好。

Duì, dōu shì wèi Àoyùnhuì zhǔnbèi de.
B : 对，都是为奥运会准备的。

Àoyùn shénhuǒ zài quánguó dōu chuánsòng le ma?
A : 奥运神火在全国都传送了吗？

Shì de, cóng Xīlà diǎn le shénhuǒ yǐhòu, tōngguò fēijī hé kèlún yùndào
B : 是的，从希腊点了神火以后，通过飞机和客轮运

Hánguó, zài yóu dìfāng bǎ shénhuǒ chuándào le shǒudū.
到韩国，再由地方把神火传到了首都。

본문해석

A : 김형, 80년도 한국의 올림픽게임은 훌륭하게 개최했지요?

B : 그렇습니다. 국제올림픽위원회로부터 24회 올림픽 개최를 통보
받은 후, 세계 각국의 지지와, 또한 우리 한국의 노력으로 전대
미문의 올림픽을 개최했습니다.

A : 저는 올림픽 기간에 자원봉사대의 조직이 매우 훌륭했다고 생각
합니다.

B : 그뿐만이 아니라, 서울의 교통 역시 조직적으로 매우 훌륭했습
니다.

A : 저는 TV에서 한국 올림픽 경기장, 그리고 경기장 시설, 선수촌
모두 특히 훌륭한 것을 보았습니다.

B : 맞습니다. 모두 올림픽을 위해 준비한 것입니다.

A : 올림픽 성화는 전국에 모두 전송되었습니까?

B : 그렇습니다. 그리스로부터 성화를 점화한 후, 비행기나 여객선
을 통하여 한국에 옮겨져, 다시 지방에서 성화를 서울에 전송했
습니다.

体育运动	tǐyù yùndòng	스포츠
橄榄球	gǎnlǎnqiú	럭비
足球	zúqiú	축구
排球	páiqiú	배구
棒球	bàngqiú	야구
垒球	lěiqiú	소프트볼
篮球	lánqiú	농구
(打)网球	(dǎ)wǎngqiú	테니스(를 하다)
乒乓球	pīngpāngqiú	탁구
球拍	qiúpāi	라켓
滑雪	huáxuě	스키
滑冰	huábīng	스케이트
游泳	yóuyǒng	수영
帆板	fānbǎn	윈드서핑
飞翼	fēiyì	헹글라이더
(打)高尔夫球	(dǎ)gāo'ěrfūqiú	골프(를 하다)
马拉松	mǎlāsōng	마라톤
登山, 爬山	dēngshān, páshān	등산
相扑	xiāngpū	씨름
跳绳	tiàoshéng	줄넘기
飞盘	fēipán	프리스비, 작은 원반
运动鞋	yùndòngxié	스포츠화
台球	táiqiú	당구
射箭	shèjiàn	양궁, 활을 쏘다
跳水	tiàoshuǐ	다이빙
跳高	tiàogāo	높이뛰기
柔道	róudào	유도

赛马	sàimǎ	경마
击剑	jījiàn	펜싱
跳运	tiàoyuǎn	멀리뛰기
三级跳运	sānjí tiàoyuǎn	삼단뛰기
举重	jǔzhòng	역도
拳击	quánjī	복싱, 권투
国际摔交	guójì shuāijiāo	국제씨름
射击	shèjī	사격
滑冰	huábīng	스케이팅
冰球	bīngqiú	아이스하키
羽毛球	yǔmáoqiú	배드민턴
保龄球	bǎolíngqiú	볼링
田径赛	tiánjìngsài	육상경기대회
跆拳道	táiquándào	태권도
太极拳	tàijíquán	태극권
曲棍球	qūgùnqiú	필드하키
橄榄球	gǎnlǎnqiú	럭비
冠军	guànjūn	우승
亚军	yàjūn	제2위, 준우승
金牌	jīnpái	금메달
银牌	yínpái	은메달
铜牌	tóngpái	동메달
锦标赛	jǐnbiāosài	선수권시합, 결승전
啦啦队	lāláduì	응원대(단)
亚运会	Yàyùnhuì	아시안게임
奥运会	Àoyùnhuì	올림픽경기
训炼	xùnliàn	훈련(하다)

犯规	fànguī	반칙
暂停	zàntíng	타임(시합중 작전협의)
黄牌警告	huángpái jǐnggào	옐로카드
裁判	cáipàn	심판(하다)
教练	jiàoliàn	코치
上半场	shàngbànchǎng	(경기의)전반전
下半场	xiàbànchǎng	후반전
角球	jiǎoqiú	(축구의)코너킥
争球	zhēngqiú	점프볼
延长赛	yánchángsài	연장전
一百米跨栏	yìbǎimǐ kuàlán	100m허들경기
接力	jiēlì	릴레이
团体冠军	tuántǐ guànjūn	단체우승
后卫	hòuwèi	수비선수
守门员	shǒuményuán	골키퍼
出界	chūjiè	아웃사이드
男子单打	nánzǐ dāndǎ	남자단식
女子单打	nǚzǐ dāndǎ	여자단식
男女混合双打	nánnǚ hùnhé shuāngdǎ	남녀혼합복식
半决赛	bànjuésài	준결승
淘汰赛	táotàisài	승자전, 토너먼트
决赛	juésài	결승전
循环赛	xúnhuánsài	리그전
拔河	báhé	줄다리기
健美操	jiànměicāo	에어로빅댄스
水上芭蕾	shuǐshàng bālěi	수상발레

■ **著者**(李光石) **略歷**

· 中華人民共和國 湖南省 長沙市 出生
· 中華人民共和國 西北工業大學 卒業('82)
· 大韓民國 최초 귀화('86)
· 大學校, 學院 등에서 中國語 講義('88~'96)
· 中華人民共和國 寧厦大學 '現代漢語' 碩士 卒業('95)

三百六十五日

中 國 語 ①

인쇄일 / 1999년　3월　10일　중판인쇄
발행일 / 1999년　3월　15일　중판발행
등록일 / 1989. 12. 20.　　등록번호 6-95

저 자 / 李 光 石
발행인 / 朴 海 成
발행처 / 正進出版社

주 소 / 서울시 성북구 장위2동 66-6호
☎ 918-2789, 2790　　FAX. 912-1461
© 李光石 1998

• 허가없이 무단으로 표절하거나 전재함을 엄금합니다.
• 카세트 테이프 별매

정가　8,000원